Symbols, Logos and Trademarks

1500 Outstanding Designs from India

Sudarshan Dheer

DOVER PUBLICATIONS, INC.
Mineola, New York

Published in Canada by General Publishing Company, Ltd., 30
Lesmill Road, Don Mills, Toronto, Ontario.

Published in the United Kingdom by Constable and Company, Ltd.,
3 The Lanchesters, 162–164 Fulham Palace Road, London W6 9ER.

Exclusive distributor in India: Super Book House , Sind
Chambers, Shahid Bhagat Singh Road, Colaba, Bombay, 400 005,
India.

Bibliographical Note

This Dover edition, first published in 1998, is an unabridged
republication of the work first published as *The World of
Symbols/Logos & Trademarks: India* by DesignScope, Bombay, in
1991.

Library of Congress Cataloging-in-Publication Data

Dheer, Sudarshan.
    [World of symbols/logos & trademarks]
    Symbols, logos, and trademarks : 1500 outstanding designs from
India / Sudarshan Dheer.
        p.   cm.
    Originally published: The world of symbols/logos & trademarks :
India. Middletown, N.J. : Grantha Corp., 1991.
    Includes bibliographical references and index.
    ISBN 0-486-40039-5 (pbk.)
    1. Logography—India—Catalogs.   2. Trademarks—India—
Catalogs.   3. Commercial art—India—Catalogs.
NC998.6.I5D48   1998
741.6—dc21   97-46751
                                                                    CIP

Manufactured in the United States of America
Dover Publications, Inc., 31 East 2nd Street, Mineola, N.Y. 11501

Dedicated to
**Indian designers
of tomorrow**

INDIA
The emerging design force

Nearly two-thirds of India's people live in rural villages where survival is the key concern. Among the entire population, the literacy rate is painfully low – somewhere around 36%; across the country, more than 400 dialects are spoken, written in at least 14 different languages.

And yet, while in India verbal skills are depressed, visual skills are not. India has a rich and varied visual esthetic whose content is still evolving. Here, symbols – the graphic representation of an idea – are myriad, for, while there is much in the Indian visual heritage to form a common ground, to promote a basic sense of "Indianness," there are also important and subtle visual differences. While most, if not all, of these would be lost on the Western visitor, for an Indian they contain a wealth of information – the shape of a tilak, for example, the tying of a sari, the form of an architectural embellishment, religious symbols like the swasthik or the aum. It is a culture used to visual enthusiasm: indeed, much of what we have come to think of as uniquely Indian has come to us, not through reading and writing, but through this wordless visual sense.

The position of the graphic designer in India then is somewhat unique. There is on the one hand this age-old reservoir of forms and on the other the modern and Western, ideas of grids and graphic standards. There are India's highly decorative cultural esthetic and the formalized, even streamlined idiom of the International Style. There is the need to communicate with India's own diverse peoples and to project an image into the larger international business community. And there is the challenge of the Indian graphic designer to synthesize both East and West, to distill essences, to be all things to all people.

Perhaps nowhere is this challenge more pressing than in the design of symbols, logos, and trademarks. While only a relative few Indians as yet possess the purchasing power of citizens of the more industrialized countries, their 10% of the population controls as much as 50% of the wealth, making their buying power extraordinary. And they do buy, not only the sundry products of everyday life, but the consumer goods of the industrial and electronic age. As India continues her headlong rush into the twenty-first century, continues her progress along the road of industrialization and computerization, more and more people will enter India's expanding middle class and the role of the graphic designer in India will become more and more important.

It is, and will be, up to graphic designers to symbolize for one and all what it means to be in business in India, to define for their clients the uniquely Indian content of their enterprises, to reconcile the markets and strategies of modern corporations and other businesses with an ancient esthetic. Already, the annals of Indian graphic design constitute a large catalog, of which the symbols, logos, and trademarks in this volume are only a part. Yet, as a symbol itself represents the distilled essence of a much grander idea or entity, so do these graphic indicia stand for a much larger body of graphic communications. They are the efforts of designers working all over India, on all sorts of projects, everywhere bringing together the visual metaphors of their deep cultural heritage with the needs of a rapidly evolving modern society. Their documentation is important, not only as a reference or inspiration for Indian designers, but as a record of an important era in the development of Indian business and business communications. Moreover, for graphic designers in India, their presentation here constitutes an invaluable archive of a still developing profession.

Rose DeNeve
is a contributing editor of Print,
a major American magazine devoted to graphic design and visual communication.
For the past decade she has been a regular visitor to India
and has written often about its graphic design and designers.

A quest for identity

This remarkable collection of symbols from the Indian market-place provides an indispensable aid to all those concerned with commercial communications in our country. It should attract a wider audience as well as part of the rich inheritance which Rose DeNeve explores in her Introduction. India's designers are heirs to two traditions: one is an attitude ancient in years and deeply imbedded in the national psyche. The other is a legacy of the Bauhaus and its successors. Both streams are reflected on these pages, as is the possibility and challenge of their confluence.

India was the first developing country to recognise design as a tool for development and as a means for easing the transition between tradition and modernity. Design was accepted as an attitude which could serve to evaluate India's past solutions in terms of present need. Designers would help select and reject from tradition as well as from modern experience and provide a source of identity and confidence within an era of rapid change. The search by Indian enterprises for identities relevant to their corporate needs is thus part of a larger quest for identity, a quest which is the basic challenge of contemporary Indian design. Placed in that context, these pages help mirror the many Indias which confront and invite the young designers to whom Sudarshan Dheer has dedicated this labour of love. Many of these signs could blend easily into the visual language of markets in Europe and North America, for they are part of an international idiom now well established in India's industrial centres. Other signs are indigenous in inspiration, while some float in our particular Indian air, swept by the winds of many influences — some contradictory and inconsistent, all rich in opportunity and memory.

India's cultural history is unparalleled in the wealth of its symbolic resources. Although much of this tradition has attracted art historians and publishers, the perspective of design history is still awaited. There is an urgent need to document the legacy of the past, as well as the great movement between tradition and modernity that is the hallmark of design in India's changing society. This publication makes an important contribution to that need. Hopefully, it will inspire efforts at research into other traditional and contemporary expressions and at articulating India's design history in terms of problem-solving. Since the turn of the century, a spectrum of influences has been at work from within and without India. The early periods of Indian industrialisation, printing and advertising provide an enormous resource of design which requires documentation. The freedom struggle, and the swadeshi movement which it inspired, had a profound impact on idioms of mass communication, including communications in the marketplace. The symbols developed and used in India's political movements, both before and after freedom was won in 1947, have no equal anywhere in the world in terms of their influence on democratic processes. The great task is to preserve this range of commercial, social and political expression. Sudarshan Dheer's effort to record a major aspect of Indian graphic design is thus a contribution deserving of our respect and our gratitude.

Ashoke Chatterjee
Adviser
National Institute of Design
Ahmedabad

Credit Format

AD: Art Director
DS: Designer
DF: Design Firm
CL: Client
BC: Business Category/Activity

Note for reference

To facilitate comparative study, the
emblems are grouped together in
accordance to the activity or the business
of the organization:

To find the required emblem in its
appropriate grouping, refer to the number
against the name of the Client/Designer
in the Index at the end of the book.

The designs and captions in this book
have been supplied by the designers
and/or firms represented. While every effort
has been made to ensure accuracy,
Sudarshan Dheer and DesignScope, do not,
under any circumstances, accept responsibility for
errors or omissions.

CONTENTS

1 AD/DS: Yeshwant Chaudhary
DF/CL: Communica/ Corporate
Communications
BC: Graphic Designing

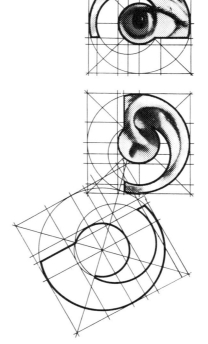

Visual Communication & Allied Services

2 AD/DS/DF: Panna Jain
CL: Karishma Advtg.
BC: Advertising

3 AD/DS: Raju Khulge
DF: Ila Communications
CL: Kimaya
BC: Designing & Printing

4 AD/DS/DF: Dilip Patel
CL: Kolor Kraft
BC: Screen Printing

5 AD: N K Chanda
DS: Manoj Dutta
DF: Chanda Advtg.
CL: Print-O-Drome
BC: Printing

6 AD/DS: Vijay Nyalpelly
DF: Studio 21
CL: Special Effects Enterprise
BC: Designing & Printing

7 AD/DS: Anjali Purat
DF/CL: Anushree Ad-N-Print
BC: Advertising & Printing

8 DS: Sujit Patwardhan
DF: Mudra
CL: Pune Photolithography
BC: Offset Printing

9 AD/DS: Raju Khulge
DF/CL: Ila Communications
BC: Designing

10 AD/DS: S G Gurav
DF/CL: Om Creation
BC: Designing

11 AD/DS: R K Joshi
DF/CL: Ulka Advtg.
BC: Advertising

12 AD/DS: Alaka Khairmoday
CL: K Vaikunth
BC: Cinematography

13 DS: Sunil Patel
DF/CL: Indesign Consultants
BC: Designing

2

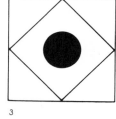

3

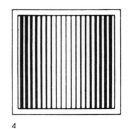

4

5

7

8

9

10

11

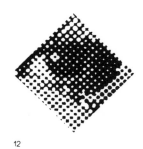

12

13

14

15

16

17

18

19

20

21

22

23

24

25

14 AD/DS: Ashoka Jha
DF: Mark Makers
CL: Vibgyor Group
BC: Graphic Designing

15 AD/DS: Sudarshan Dheer
DF: Graphic Communication
Concepts
CL: Strand Book Stall
BC: Booksellers & Publishers

16 AD: Vijay Kullarwar
DS: Vidya Vijay Kullarwar
DF: The Creative Circle
BC: Advertising &
Photography

17 AD/DS: Behram (Bill) R Rana
DF/CL: Adworld
BC: Advertising & Designing

18 AD/DS/DF/CL: Satish Ganpat
Pote
BC: Designing

19 AD/DS: Smita Upadhye
DF/CL: Visual Arts
BC: Advertising

20 AD/DS: Tilak Raj Seth
DF/CL: Ureka & Associates
BC: Advertising

21 DS/DF: Manoj S Kolge
CL: Akshardoot
BC: Publicity

22 AD/DS: Shirish R Pandya
DF/CL: Shirish Advertisers
BC: Advertising

23 AD/DS/DF/CL: Behram (Bill)
R Rana
BC: Painting & Designing

24 AD/DS: Joseph Dias
DF: J D Art
CL: Lona Grafiks
BC: Graphic Designing &
Photography

25 AD/DS: Ashoka Jha
DF: Mark Makers
CL: Reliable Printed Products
BC: Printing & Publishing

Visual Communication & Allied Services

26 DS/DF/CL: S K Mohanty
BC: Calligraphic Designing &
Painting

27 AD/DS: Arun Sabnis
DF: Creator Advtg. Services
CL: Ankur
BC: Advertising & Marketing

28 AD/DS: Yeshwant Chaudhary
DF: Communica/Corporate
Communications
CL: Prakriti Associates
BC: Graphic & Industrial
Designing

29 AD/DS/DF/CL: Aay's Advtg.
BC: Advertising

30 AD: Khursheed Merchant
DS: Beroz Mistry
DF/CL: Ikon
BC: Designing & Printing

31 AD/DS: S K Mohanty
DF/CL: Dott Advtg.
BC: Advertising

32 AD/DS: Suresh S Bapat
DF/CL: Oasis Graphic
Designers
BC: Graphic Designing

33 AD/DS: Devendra P Jogi
DF: Gra Graphic
CL: Fast Creation Ads
BC: Advertising

34 AD/DS: Anil Dabhade
DF/CL: Prayog
BC: Advertising, Photography
& Films

35 AD/DS: Sudarshan Dheer
DF: Graphic Communication
Concepts
CL: India Magazine
BC: Publication

36 AD/DS: Nitin C Champaneria
DF: Didi Graphics
CL: Graphic Designers
BC: Graphic Designing &
Screen Printing

26

27

28

29

30

31

32

33

34

35

36

4

37 AD/DS: Arun Kale
DF/CL: Nexus Advtg.
BC: Advertising

38 AD/DS: Sudarshan Dheer
DF: Graphic Communication
Concepts
CL: Anil Dave
BC: Photography

39 DS: S P Lokhande
CL: Quick Pic
BC: Photography

40 AD/DS: Jaykumar Limbad
DF: Plus Graphics
CL: Giftad
BC: Advertising Gifts

41 AD/DS: Preeti Vyas Giannetti
DF: Vyas Giannetti
CL: Cine Blitz
BC: Film Magazine

42 AD/DS/DF: Achyut Palav
CL: Ranken Zerox
BC: Zerox & Publishing

43 AD: Viru Hiremath
DS: Viru Hiremath /
Chandrakant Venupure
DF: Vartul
CL: Mid-day Publications
BC: News Paper

44 AD/DS/CL: Ajit Patel
DF: Harmony
BC: Graphic Designing

45 DS: Manu Desai
DF: Axis Advtg.
CL: Akashrekha Advtg.
BC: Graphic Art &
Advertising

46 AD/DS: Yeshwant Chaudhary
DF: Communica/Cooporate
Communications
CL: Printwell
BC: Printing

Visual Communication & Allied Services

48

47

49

50

51

52

55

53

54

56

57

58

59

60

61

62

63

64

65

DEBONAIR

66

TechNova

67

57 AD/DS: Ashoka Jha
    DF: Mark Makers
    CL: Art Unit
    BC: Designing & Painting

58 AD: Preeti Vyas Giannetti
    DS: Alok Nanda
    DF: Vyas Giannetti
    CL: Sportsweek & Lifestyle
    BC: Sports Magazine

59 AD/DS: Sudarshan Dheer
    DF: Graphic Communication
        Concepts
    CL: Kersy Katrak
    BC: Creative Writing

60 AD/DS: Aleya Pillai
    DF/CL: Time & Space Advtg.
        Services
    BC: Advertising

61 AD: Rupande Kaku
    DF/CL: Chirag Graphics
    BC: Advertising

62 AD/DS: Aziz Mulla
    DF/CL: Square Image Advtg.
    BC: Advertising

63 AD: Preeti Vyas Giannetti
    DS: Glynis D'Cunha
    DF: Vyas Giannetti
    CL: The Magic Box
    BC: Advertising Films

64 AD/DS: S G Gurav
    DF/CL: Frank Simoes Advtg.
    BC: Advertising

65 AD/DS: B K Basu
    DF: Kitasu Advtg. Services
    CL: The Paper Print &
        Products
    BC: Printing

66 AD/DS: Viru Hiremath
    DF: Vartul
    CL: Debonair Publications
    BC: Magazine

67 AD/DS: Yeshwant Chaudhary
    DF: Communica/Corporate
        Communications
    CL: Technova Graphic
        Systems
    BC: Printing

Visual Communication
& Allied Services

68 AD/DS/CL: Yeshwant
　　　　　Chaudhary
　　DF: Communica/Corporate
　　　　　Communications
　　BC: Graphic
　　　　　Communications

69 DS: Vivek Hemant Bhurke
　　CL: Sanjay Bhawsar
　　BC: Personal

70 DS: Nandakishor Kamat
　　DF: Shadowplay
　　CL: Adventures
　　BC: Screen Printing &
　　　　　Designing

71 AD/DS/DF: Amit Patel
　　CL: Modheshwar Printorium
　　BC: Printing

72 AD: N K Chanda
　　DS: Sankar Mukharjee
　　DF: Chanda Advtg.
　　CL: Sams
　　BC: Advertising & Marketing

73 AD/DS: M A Pathan
　　DF/CL: Advertising & Mktg.
　　　　　Associates
　　BC: Advertising & Marketing

74 DS: Sujit Patwardhan
　　DF/CL: Mudra
　　BC: Printing

75 AD/DS: Viru Hiremath
　　DF/CL: Sobhagya Advtg.
　　BC: Advertising

76 AD/DS: Ashoka Jha
　　DF/CL: Mark Makers
　　BC: Graphic Designing

68

69

70

71

72

73

74

75

76

8

77

78

79

80

81

82

83

84

85

86

87

77 AD/DS: Ashoka Jha
DF: Mark Makers
CL: Vyanktesh Printers
BC: Fabric Prints

78 AD/DS: Sudarshan Dheer
DF: Graphic Communication
Concepts
CL: Jasra Graphics
BC: Processing

79 AD: Dara N Ichhaporia
DS: Parveen G Mayekar
DF: Dara Designing Concepts
CL: Monex Stationers
BC: Stationery

80 AD/DS: Sudarshan Dheer
DF: Graphic Communication
Concepts
CL: Pishu & Salu
BC: Personal

81 AD/DS: Pravin C Hatkar
DF/CL: Aakar
BC: Advertising

82 AD/DS/DF: Amit Patel
CL: Parvati Printery
BC: Printing

83 AD/DS: Panchal Pravin
DF: Panchal Pravin
Associates
CL: P R Dawani
BC: Personal

84 AD/DS: Devendra P Jogi
DF: Gra Graphic
CL: Mukesh Art Printers
BC: Stationery Printing

85 AD: Viru Hiremath
DS: Sunil Raje
DF: Vartul
CL: Solo
BC: Audio-Visuals

86 AD/DS: B K Jamane
DF: Bess Graphic
Communication
CL: Sheetal Bhende
Photography
BC: Photography

87 AD/DS: Sudarshan Dheer
DF: Graphic Communication
Concepts
CL: Spectrum Tricolor
Laboratory
BC: Processing Lab.

Visual Communication & Allied Services

88 AD/DS: Ashoka Jha
DF: Mark Makers
CL: Noble Cassette
    Industries
BC: Recording

89 AD/DS: Sudarshan Dheer
DF: Graphic Communication
    Concepts
CL: Alfred Allan Advtg.
BC: Advertising

90 AD/DS: Alaka Khairmoday
CL: Communication Circle
BC: Advertising

91 AD/DS/DF: Panna Jain
CL: Festive Papers
BC: Greeting Cards

92 AD/DS: Irfan A M R
DF/CL: Quod Advtg. &
    Graphic Design
BC: Designing

93 AD/DS: Ashoka Jha
DF: Mark Makers
CL: Typical Publications
BC: Magazine

94 AD: Prabhakar Joshi
DS: Prabhakar Joshi/Urmila
    Torney
DF: Prabhansh Advtg.
CL: Surya Printers
BC: Printing

95 AD/DS: Prabhakar Joshi
DF: Prabhansh Advtg.
CL: Communication Circle
BC: Designers' Association

96 DS: Varsha Pitale
DF: Varsha
CL: Hemant Brothers
BC: Printing & Advertising

97 AD/DS: D K Madhu Kumar
DF/CL: Signet Designs
BC: Graphic Designing

98 AD/DS: Viru Hiremath
DF: Vartul
CL: Vartul Communications
BC: Graphic & Advertising

99 AD/DS/DF/: Vijay Mistry
CL: Creative Eye
BC: Photo Studio

88

89

90

91

92

93

94

95

96

97

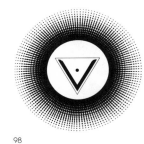

98

99

100

101

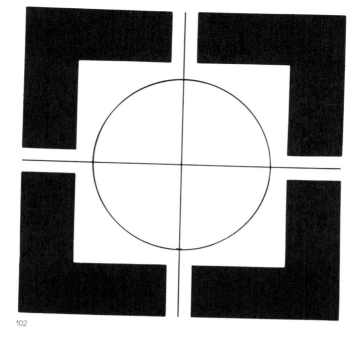

102

103

104

105

106

107

108

Visual Communication & Allied Services

100 AD/DS: Sudarshan Dheer
DF: Graphic Communication
Concepts
CL: Triveni Printers
BC: Printing

101 AD/DS: Brendan Pereira
DF: Glima
CL: Examiner Press
BC: Printing

102 AD/DS/DF: Panna Jain
CL: AIFMP
BC: Printing

103 AD/DS/DF: Panna Jain
CL: Printwell
BC: Printing

104 DS: Tushar Chandrakant
Joshi
DF: Kirti Advertisers
CL: Photo Darshan
BC: Photography

105 AD/DS: S G Gurav
DF: Om Creation
CL: Unique Blocks
BC: Block Making

106 AD/DS: Sudarshan Dheer
DF: Graphic Communication
Concepts
CL: 17th Printer's
Conference
BC: Printing Technology

107 AD/DS: Raju Khulge
DF: Ila Communications
CL: Trade Development
Centre
BC: Industrial
Communication

108 AD/DS: Yeshwant Chaudhary
DF: Communica/Corporate
Communications
CL: Technova Graphic
Systems
BC: Printing Technology

Visual Communication
& Allied Services

109 AD/DS: E Rohini Kumar
DF/CL: GDC Creative Advtg.
BC: Advertising

110 AD/DS: Sunil Mahadik
DF: Sista's
CL: Imagini
BC: Photography

111 AD/DS/DF: Panna Jain
CL: Son-et-Lumiere
BC: Audio-Visuals

112 AD/DS: Arun Sabnis
DF/CL: Creator Advtg.
Services
BC: Advertising

113 DS: U K Puthran
CL: Advertising Club
BC: Advertising

114 AD/DS: Prabhakar Joshi
DF/CL: Prabhansh Advtg.
BC: Advertising

115 AD/DS: Ashoka Jha
DF: Mark Makers
CL: Dinisha Prakashan
BC: Publishing

116 AD/DS: Sudarshan Dheer
DF: Graphic Communication
Concepts
CL: Devkumar
BC: Personal

117 AD/DS: Rajesh Modi
CL: R K Photocopying Hall
BC: Photocopying

118 AD/DS: Satish Deshpande
DF: S J Advtg. Services
CL: Wishwas Sorte
BC: Photography

119 AD/DS: Yeshwant Chaudhary
DF: Communica/Corporate
Communications
CL: Orient Longmans
BC: Publishing

120 AD/DS: Dattatraya T Padekar
DF: Padekar Studio
CL: Good Impression
BC: Printing

109

110

111

112

113

114

115

116

117

118

119

120

121

122

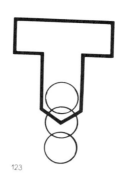

123

121   AD: Prabhakar Joshi
DS: Prabhakar Joshi/Kantak
DF: Prabhansh Advtg.
CL: Sale-Best
BC: Outdoor Advertising

122   AD/DS: Sanjay B Daiv
DF: Climax
CL: Sainath Colour Lab.
BC: Video Shooting

123   AD/DS: Sameer Khanzode
DF: Link Ads
CL: Technoprint
BC: Printing

124

125

124   AD/DS: Sameer Khanzode
DF/CL: Link Ads
BC: Advertising

125   DS: Tushar Chandrakant
Joshi
DF/CL: Kirti Advertisers
BC: Designing

126

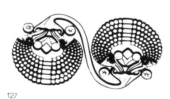

127

128

126   AD/DS: Sameer Khanzode
DF: Link Ads
CL: Languages
BC: Language Writing

127   AD/DS: Ved Nayar
CL: Indian Council for
Cultural Relations
BC: Exhibition Designing

128   AD: Urshila Kerkar/Dhun
Cordo
DS: Hemant Shirodkar
DF: Sneh Sadan Graphic
Services
CL: United Television
BC: TV Programmes

129

130

131

129   AD/DS: Sameer Khanzode
DF: Link Ads
CL: Prints/Colour Lab.
BC: Colour Laboratory

130   AD/DS: Raju Khulge
DF: Ila Communications
CL: Media Advtg.
BC: Advertising

131   AD/DS: Vijay R Mahamuni
DF: Comarts
CL: Comarts Advtg.
BC: Designing & Photography

Visual Communication
& Allied Services

132 AD/DS: Sudarshan Dheer
DF/CL: Graphic
Communication
Concepts
BC: Graphic Designing

133 AD/DS/CL: S K Mohanty
BC: Calligraphic Designing

134 AD: Allan Martin Luther
DS: G Zachariah
DF: Alfred Allan Advtg.
CL: Christian Films & TV
International Association
BC: Film Making

135 DS: Shashikant Shirsekar
DF: Shabdaroop
CL: Suvidhya Printers
BC: Printing

136 AD: D Y Acharekar
DS: Trupti D Acharekar
DF: Trupti Graphic Design &
Illustration Service
CL: Yashchic Films
BC: TV Serials & Short Films

137 AD/DS/DF: Pradeep Powale
CL: Rays (Pandye)
BC: Printing & Processing

138 AD/DS: S G Gurav
DF: Om Creation
CL: Design Organisation
BC: Exhibition Designing

139 DS: Manu Desai
DF/CL: Sadrusyam
BC: Graphic Designing

140 AD/DS: Ashoka Jha
DF: Mark Makers
CL: Balaji Enterprises
BC: Photography

141 DS: Tushar Chandrakant
Joshi
DF: Kirti Advertisers
CL: Rasik Shah
BC: Photography

142 AD/DS: Sunil Mahadik
DF: Nucleus Advtg.
CL: Chitralekha Publications
BC: Magazine

143 AD/DS: Suresh S Bapat
DF: Oasis Graphic Designers
CL: Apex Colour Lab.
BC: Processing &
Photography

132

133

134

135

136

137

138

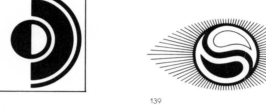
139

140

141

142

143

14

144

145

146

147

148

149

150

151

152

Visual Communication & Allied Services

144 AD/DS: Sudarshan Dheer
DF: Graphic Communication
Concepts
CL: AIPA of India
BC: Photography

145 AD/DS/DF: Panna Jain
CL: Fulcrum Advtg.
BC: Advertising

146 AD: R K Joshi
DS: Jamshandekar
DF: Ulka Advtg.
CL: 7th Asian Advtg.
Congress
BC: Advertising

147 AD: Rupande Kaku
DF: Chirag Graphics
CL: Artscapes Advertisers
BC: Advertising

148 AD/DS: Dara N Ichhaporia
DF/CL: Dara Designing
Concepts
BC: Designing, Advertising &
Photography

149 AD/DS/DF: Panna Jain
CL: Mitter Bedi
BC: Industiral Photography

150 AD/DS/DF: Pradeep Powale
CL: Ad Counsel
BC: Advertising

151 AD/DS/DF: Panna Jain
CL: G Claridge
BC: Printing

152 AD: N K Chanda
DS: Sankar Mukherjee
DF: Chanda Advtg.
CL: Ananda Chitram
BC: Film Making

153 AD/DS: Irfan A M R
   DF/CL: Scorpio Matrix
   BC: Designing & Printing

154 AD: Vijay V Kullarwar
   DS: Vidya Vijay Kullarwar
   DF/CL: Color Concept
   BC: Processing &
      Photography

155 AD/DS: Satish Patkar
   DF/CL: Jyeshta
      Communications
   BC: Advertising

156 AD/DS: Ashoka Jha
   DF: Mark Makers
   CL: Colour Complex
   BC: Designing & Printing

157 DS: Manu Desai
   CL: Tulsi Shah Enterprises
   BC: Publishing

158 AD/DS: Viru Hiremath
   DF/CL: Hiremath Designs
   BC: Graphic Designing

159 AD/DS: Yeshwant Chaudhary
   DF: Communica/Corporate
      Communications
   CL: Contract
      Communications
   BC: Advertising

160 AD: Vijay V Kullarwar
   DS: Lopa Vengsarkar
   DF/CL: Create'AVision
   BC: Audio Visual & TV Films

161 DS: Nandakishor Kamat
   DF: Shadowplay
   CL: Sri Balaji Publishing Co.
   BC: Publishing

162 AD/DS: Mohan R Raorane
   DF/CL: Wyadh Graphic
      Designers
   BC: Graphic Designing

163 AD/DS: S G Gurav
   DF: Om Creation
   CL: The Works
   BC: Audio Visual & Writing

164 AD: Arvind Padave
   DF: Frank Simoes Advtg.
   CL: J K Telecom
   BC: Tele Communication
      Systems

153

154

155

156

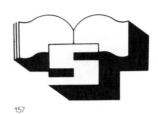

157

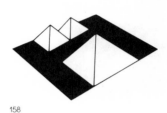

158

159

160

161

162

163

164

GLAM◉UR

165

167

168

169

170

171

172

173

174

175

165 AD/DS: Vijay Parekh
DF: Print Media
CL: Glamour Color Lab.
BC: Colour Processing

166 DS: Shashikant Shirsekar
DF: Shabdaroop
CL: Artunit
BC: Graphic Designing

167 AD/DS/DF: Shantaram K
Raut
CL: Studio Shantaram
BC: Advertising

168 AD: Bharat Chavan
DF: We Graphic Designers
CL: Pyramid
Communications
BC: Advertising, Exhibition &
Packaging

169 AD/DS: Sudhir Salvi
DF: Smitart
CL: Graffitti Advtg.
BC: Advertising

170 AD/DS: Ashoka Jha
DF: Mark Makers
CL: Studio Re-View
BC: Photography/Modelling

171 AD/DS: D G Patil
DF: Sharpline Advertisers
CL: Arihant Enterprises
BC: Printing & Designing

172 AD/DS: Sudarshan Dheer
DF: Graphic Communication
Concepts
CL: Communicaid
BC: Publishing

173 AD/DS: Joseph Dias
DF/CL: J D Art
BC: Designing & Photography

174 AD/DS: D G Patil
DF/CL: Sharpline Advertisers
BC: Designing

175 AD: Jawahar G Soneji
DS: Arvind G Parkar
DF/CL: Graphic
Communications
BC: Advertising & Printing

17

176 AD/DS: Raj Shinge
DF: CACA
CL: Manik And Raj
BC: Graphic Designing

177 AD/DS: Bharat Chavan
DF: We Graphic Designers
CL: Chubu Music
BC: Jingles & Ad Films
   Music

176

177

178 AD/DS/DF: Shishupal Panke
CL: Ashwini Enterprises
BC: Screen Printing

179 AD/DS: Joseph Dias
DF: J D Art
CL: Sampark Advtg.
BC: Advertising & Marketing

180 AD/DS: Rajesh Modi
CL: Best Copy & Printing
   Inc.
BC: Printing

178

179

180

181 AD/DS/DF: Nandan
   Nagwekar
CL: Pat Publicity
BC: Advertising

182 AD/DS: Sudarshan Dheer
DF: Graphic Communication
   Concepts
CL: Ropan Films
BC: Film Making

183 AD/DS: Aubrey Sequeira
DF/CL: Goldwire
   Communications
BC: Advertising

181

182

183

184 AD/DS/DF: Shishupal Panke
CL: Laxmi Printers
BC: Printing

185 DS: L U Pitale
DF: Everest Advtg.
CL: Sweed India
BC: Telecommunications

186 AD/DS/DF: Achyut Palav
CL: Chinha
BC: Publishing

184

185

186

187

sanskruti

188

189

190

191

COSMO

192

193

SOFT
FOCUS

194

195

196

197

198

187 AD/DS/DF: Achyut Palav
CL: Akanth Publication
BC: Publishing

188 AD/DS: Shailesh Modi
DF: Kruti Communication
CL: Sanskruti
BC: Stationery

189 AD/DS/DF: Ravimukul
CL: Social Publication
BC: Magazine

190 AD/DS/DF: Ravimukul
CL: Bharat Vishesh
Prakashan
BC: Magazine

191 AD/DS/DF: Ravimukul
CL: Chetashri Prakashan
BC: Publishing

192 AD/DS/DF: Ajit Lotlikar
CL: Cosmo Film & Video
Productions
BC: Film Making

193 AD/DS/DF: Ravimukul
CL: Mehta Publishing House
BC: Publishing

194 AD/DS: Aziz Mulla
DF: Square Image Advtg.
CL: Soft Focus
BC: Video & Film Making

195 DS: Sanjay Rao
CL: Kalki Graphics
BC: Graphic Designing

196 AD/DS/DF: Nandan
Nagwekar
CL: Beena Packaging
BC: Printing

197 AD/DS/DF: Nandan
Nagwekar
CL: Dream Arts
BC: Stationery

198 AD/DS/DF: Nandan
Nagwekar
CL: Sujata Printwell
BC: Printing

Visual Communication & Allied Services

199 AD/DS: Ganesh Tayde
     DF/CL: Ciel Advtg.
     BC: Advertising

200 AD/DS/DF: Chelna Desai
     CL: Prism Graphics
     BC: Computer Graphics &
         Typesetting

201 AD/DS: Ashok Gokhale
     DF: OBM
     CL: Vakil & Sons
     BC: Greeting Cards

202 AD/DS: Jayprakash P
         Deshmukh
     DF: S J Graphics
     CL: Parees Offset
     BC: Printing

203 AD/DS/DF: Nandan
         Nagwekar
     CL: Anupam Instant Services
     BC: Photo Copying

204 AD/DS/DF: Shantaram K
         Raut
     CL: Mangal Greetings
     BC: Greeting Cards

205 AD/DS: Sanjay B Daiv
     DF: Climax Advtg. & Graphic
         Consultants
     CL: Rajeev Parijat
     BC: Coyy Writing &
         Marketing

206 AD/DS: Narendra Srivastava
     DF/CL: Studio C Forty
     BC: Graphic Designing

207 AD/DS: Avinash Naiksatam
     DF: Avishkar Advtg. Services
     CL: Edita Services
     BC: Editorial Services

208 AD/DS: Aziz Mulla
     CL: Trans Gulf Advtg.
     BC: Advertising

209 AD/DS: Rajesh Modi
     CL: Market Vision
     BC: Advertising

210 AD/DS: N D Wakhre
     DF: Wakhre Advtg.
     BC: Designing & Advertising

199

200

201

202

203

204

205

206

207

208

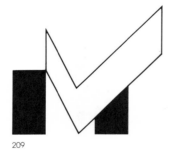

209

210

20

**Engineering-Electricals
& Electronics**

211 AD/DS: Vijay Parekh
DF: Print Media
CL: Elmatic Enterprise
BC: Electricals & Electronics

212 AD/DS: Sudarshan Dheer
   DF: Graphic Communication
       Concepts
   CL: United Telecoms
   BC: Telecommunication
       Systems

213 AD/DS: S M Shah
   DF: NID
   CL: Indian Telephone
       Industry
   BC: Communication

214 AD/DS: Paras Bhansali
   DF: Graphicaids
   CL: Rajasthan
       Communication
   BC: Communication
       Instruments

215 AD/DS: Paras Bhansali
   DF: Graphicaids
   CL: Rajasthan Computer
       Centre
   BC: Computers

216 AD/DS: Panchal Paresh H
   DF: Sunder Graphic
   CL: Hobby Electronics
   BC: Electronics

217 AD/DS: Yeshwant Chaudhary
   DF: Communica/Corporate
       Communications
   CL: OZR Electrical Industry
   BC: Electricals

218 AD: N Ghoshal
   DS: Abhay Shivalkar
   DF: Contour Advtg.
   CL: Creative Electronics
   BC: Electronics

219 AD: N Ghosal
   DS: Abhay Shivalkar
   DF: Contour Advtg.
   CL: Jetronics Enterprises
   BC: Electronics

220 AD/DS: Ashoka Jha
   DF: Mark Makers
   CL: Vikas Electricals
   BC: Electrodes

221 DS: Shubhangi Samant
   DF: Link Ads
   CL: Accusonic Sales Corpn.
   BC: Electronics

222 AD/DS: Arun Sabnis
   DF: Creator Advtg. Services
   CL: Weston Instruments
   BC: Testing Instruments

212

213

214

215

216

217

218

219

220

221

222

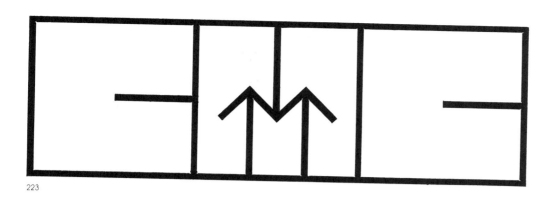

223

223 AD/DS: Arun Kolatkar
DF: Moulis
CL: Computer Maintenance
Corpn.
BC: Information Technology

224 DS: Vinod Tyagi
DF: Graphic Visuals &
Commn.
CL: Aakash Electroniks
BC: Electronics

225 DS: Vivek Hemant Bhurke
CL: Megasoft Computers
BC: Computers

226 AD/DS/DF: Nandan
Nagwekar
CL: Dashun Corpn.
BC: Electricals

227 AD: N Ghoshal
DS: Anil Tendulkar
DF: Contour Advtg.
CL: Morris Electronics
BC: Electronics

228 AD/DS: Suresh S Bapat
DF: Oasis Graphic Designers
CL: Electro Instruments
BC: Electronics

229 AD/DS: Brendan Pereira
DF: Chaitra Advtg.
CL: Kerala Electronics
Corpn.
BC: Electronics

230 AD: Raju Khulge
DS: Madhu
DF: Ila Communications
CL: Kirti Electronics
BC: Electronics

231 AD: Roby D'Silva
DS: Lancy D'Silva
DF: Desilva Associates
CL: Microtech Instruments &
Controls
BC: Electronics

232 DS: Nandakishor Kamat
DF: Shadowplay
CL: R & D Electronics
BC: Electronics

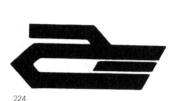

224

225

226

227

228

229

230

231

232

Engineering-Electricals & Electronics

233 AD/DS: Vijay V Kullarwar
DF/CL: Dynavox Electronics
BC: Electronics

234 AD: Roby D'Silva
DS: Lancy D'Silva
DF: Desilva Associates
CL: Bombay Burmah Trading
Corpn.
BC: Electronics

235 DS: Naik Sanjaykumar
CL: Electro Pla Industries
BC: Electronics

236 AD/DS: Arun Kale
DF: Nexus Advtg.
CL: Orson Electronics
BC: Electronics

237 AD/DS: Satish Deshpande
DF: S J Advtg. Services
CL: Hi-Rel Components
BC: Electronics

238 DS: Naik Sanjaykumar
CL: Satellite Instruction
Television
BC: Electronics

239 DS: Vinod Tyagi
DF: Graphic Visuals &
Commn.
CL: Panavision Electronics
BC: Electronics

240 AD/DS: Aloke Dhar
DF: Everest Advtg.
CL: Computer Point
BC: Computers

241 AD/DS: Arvind Gosavi
DF: Chaitra
CL: Tata Consultancy
Services
BC: Software

242 DS: Varsha Pitale
DF: Varsha
CL: Management Aids &
Systems Support
BC: Computer Software

243 AD/DS/DF: J R Mangaonkar
CL: Tata Burroughs
BC: Software

233

234

235

236

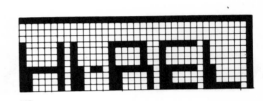

237

238

239

240

241

242

243

24

244

245

246

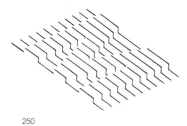

247

248

249

250

251

252

244 AD/DS: Ajit Patel
DF: Harmony Graphics &
Studio
CL: Sunrise Electronics
BC: Electronics

245 AD: Rupande Kaku
DF: C G II Advtg.
CL: Nissan Computers
BC: Computers

246 AD/DS: Ranjan De
CL: Centaur Computer
Resources
BC: Computers

247 AD/DS: Pramod Hardikar
DF: Shravan Arts
CL: Mandhana Computer &
Allied Services
BC: Computers

248 AD/DS/DF: Vijay Mistry
CL: Ambica Radio Centre
BC: Electronics

249 AD/DS: Rajesh Modi
CL: Nisachi Corpn.
BC: Electronics

250 AD: Bani Brata Podder
DS: Pathikrit Mukherji
DF: Display Shoppe
CL: Maybell Electronics &
Automation
BC: Electronics

251 AD/DS: Narendra Srivastava
CL: Computer System
Organisation
BC: Computers

252 AD/DS: Aziz Mulla
DF: PH Advtg.
CL: System Communications
BC: Electronics

Engineering-Electricals & Electronics

253 AD/DS: Viru Hiremath
DF: Dattaram Advtg.
CL: Hinditron Computers
BC: Computers

254 DS: Vinod Tyagi
DF: Graphic Visuals &
Commn.
CL: Hightech Magnets &
Metals
BC: Electronics

255 AD/DS: Chandu Shetye
CL: Orchid Computers
BC: Computers

256 AD: Urshila Kerkar/Dhun
Cordo
DS: Hemant Shirodkar
DF: Sneh Sadan Graphic
Services
CL: Microft
BC: Computers

257 DS: Vinod Tyagi
DF: Graphic Visuals &
Commn.
CL: Apollo Computers
BC: Computers

258 AD: Satish Kaku
DF: Chirag Graphics
CL: Weldekor Circuits
BC: Electronics

259 AD/DS/DF: Nandan
Nagwekar
CL: Shah Software Products
BC: Software

260 AD/DS: Arun Kale
DF: Nexus Advtg.
CL: Orson Electronics
BC: Electronics

261 AD/DS: Vikas Gaitonde
DF: Trikaya Grey
CL: Arvind Mills
BC: Electronics

262 AD/DS: Rajesh Modi
CL: Aashiv Electro
BC: Electronics

263 DS: Naik Sanjaykumar
CL: Gujarat Electricity Board
BC: Electricals

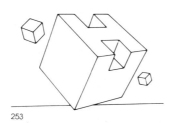

253

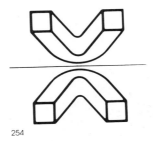

254

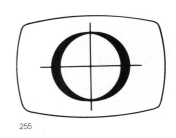

255

256

257

258

259

260

261

262

263

26

264

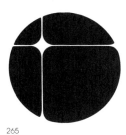

265

267

270

266

268

271

269

272

264 AD: Yeshwant Chaudhary
     DS: Pavan Gupta
     DF: Inno-Vision Multi-Design
     CL: Wipro
     BC: Computers

265 AD: Avinash Naiksatam
     DS: Deepa Sawant
     DF: Avishkar Advtg. Services
     CL: CMS Computers
     BC: Computers

266 AD/DS: Suresh S Bapat
     DF: Oasis Graphic Designers
     CL: Aswam Engg. Co.
     BC: Engineering

267 AD: M A Pathan
     DS: Ravindra Ingale
     DF: Advertising & Mktg.
         Associates
     CL: Universal Telelinks
     BC: Telecommunication

268 AD: M A Pathan
     DS: Ashok Chilla
     DF: Advertising & Mktg.
         Associates
     CL: Vindhya Telelinks
     BC: Telecommunication

269 AD/DS: Ashoka Jha
     DF: Mark Makers
     CL: Net-Work
     BC: Electronics

270 AD: Prakash Hansraj
     DS: Pavan Gupta/Mahindra
         Parab
     DF: PH Advtg.
     CL: Chenab Information
         Technologies
     BC: Software

271 AD: M A Pathan
     DS: Ashok Chilla
     DF: Advertising & Mktg.
         Associates
     CL: Technitron Systems &
         Controls
     BC: Electronics

272 DS: Varsha Pitale
     DF: Varsha
     CL: Vartak Electronic
     BC: Electronics

Engineering-Electricals & Electronics

273 DS: L U Pitale
DF: Everest Advtg.
CL: The Indian Eastern
   Engineers
BC: Electronics

274 AD/DS: Suresh S Bapat
DF: Oasis Graphic Designers
CL: Engi-Chem
BC: Engineering

275 AD/DS: Ashoka Jha
DF: Mark Makers
CL: Maintenance Engineers
BC: Gas Stoves

276 AD/DS: Farzana
DF: Gra Graphic
CL: Drum Beat Stereo
   Amplifier
BC: Electronic Parts

277 AD: Arun Kale
DS: Sachin Raut
DF: Nexus Advtg.
CL: Accumulator Products of
   India
BC: Electricals

278 AD: Arun Kale
DS: Sachin Raut
DF: Nexus Advtg.
CL: Accumulator Products of
   India
BC: Electricals

279 AD/DS/DF: Amit Patel
CL: Mehertronics
BC: Electronics

280 AD/DS: M A Pathan
DF: Advertising & Mktg.
   Associates
CL: Universal Cables
BC: Electronics

281 AD/DS: Yeshwant Chaudhary
DF: Communica/Corporate
   Communications
CL: OZR Industries
BC: Electricals

273

274

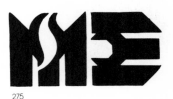

275

276

277

278

279

280

281

282

283

285

284

286

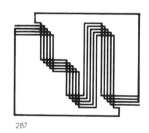

287

288

289

290

282 AD/DS: Prakash Patil
DF: Graphic Synthesis
CL: Deo Associates
BC: Engineering

283 AD: Panchal Pravin
DS/DF: Panchal Pravin
    Associates
CL: Rakesh Industries
BC: Engineering

284 AD/DS: Sudarshan Dheer
DF: Graphic Communication
    Concepts
CL: Unitel Communications
BC: Telecommunications

285 AD: Vijay Parekh
DS: Bina Parekh
DF: Print Media
CL: Shamdew
BC: Engineering

286 AD/DS: Raju Khulge
DF: Ila Communications
CL: Eclat Industries
BC: Engineering

287 AD/DS: Raju Khulge
DF: Ila Communications
CL: Patekar Industries
BC: Clutchwires &
    Fabrication

288 AD/DS: R K Joshi
DF: Ulka Advtg.
CL: Crompton Greaves
BC: Electricals

289 AD: R K Joshi
DS: R Sequara
DF: Ulka Advtg.
CL: Sahaney Kirkwood
BC: Bearings

290 AD/DS/DF: Ravimukul
CL: Shree Electronics
BC: Electricals

291 AD: Vijay Parekh
DS: Ramesh Patel
DF: Print Media
CL: Renu Engineering
Enterprise
BC: Engineering

292 AD/DS: Jayprakash P
Deshmukh
DF: S J Graphics
CL: Systems & Software
BC: Computer & Systems

293 AD/DS/DF: Ravimukul
CL: Ashoka Fabricators &
Engineers
BC: Engineering

294 AD/DS: Hemant Shinde
DF: Hemgiri
CL: Treatmetal Engineers
BC: Engineering

295 AD: Arun Kale
DS: Sachin Raut
DF: Nexus Advtg.
CL: Accumulator Products of
India
BC: Electricals

296 AD/DS: Suresh S Bapat
DF: Oasis Graphic Designers
CL: Suyog Engg.
BC: Engineering

297 AD/DS: Arun Sabnis
DF: Creator Advtg. Services
CL: Airlinks Products
BC: TV Antenna

298 AD/DS: Avinash Naiksatam
DF: Avishkar Advtg. Services
CL: Dynaspede Integrated
Systems
BC: Electronics

299 AD: Gayatri Chauhan
DS: Nandita Khaire
DF: Novagraphics
CL: Tele-Talk-Technologies
BC: Telecom Equipment

300 AD/DS: Preeti Vyas Giannetti
DF: Vyas Giannetti
CL: Digital Electronics
BC: Electronics

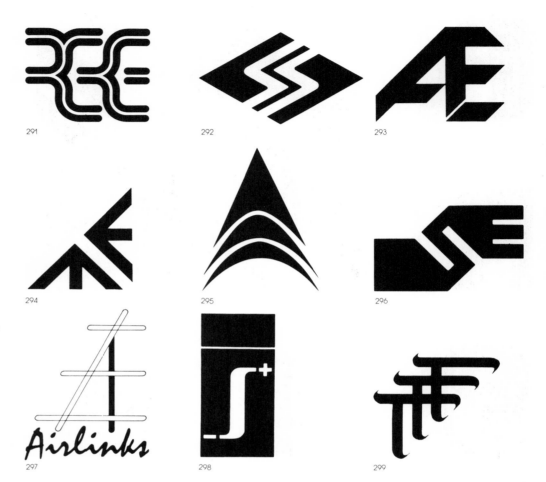

291

292

293

294

295

296

297

298

299

300

301

303

302

 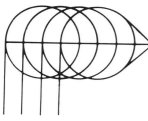

304

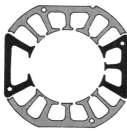

305

306

307

308

309

301 AD/DS: Pravin Sevak
DF: NID
CL: Hindustan Powerplus
BC: Electricals

302 AD/DS: J P Irani
CL: Mechwell Industries
BC: Engineering

303 AD: Sameer Khanzode
DS: Shubhangi Samant
DF: Link Ads
CL: Dynatech Engg.
BC: Engineering

304 AD/DS: Suresh S Bapat
DF: Oasis Graphic Designers
CL: Shree S S Constructions
BC: Engineering

305 AD/DS/DF: Publicity
     Department
CL: The English Electric Co.
     of India
BC: Electricals

306 AD/DS: Raju Khulge
DF: Ila Communications
CL: Trimurti Associates
BC: Engineering

307 AD/DS: Suresh S Bapat
DF: Oasis Graphic Designers
CL: Powerfabs
BC: Electricals

308 DS: Narendra Vaidya
DF: Scorpio Matrix
CL: Chaphekar Engg.
BC: Engineering

309 AD/DS: Jayprakash P
     Deshmukh
DF: S J Graphics
CL: Inventum Engineering
     Co.
BC: Engineers

310 AD/DS: Roby D'Silva
DF: Desilva Associates
CL: Vasai Vikasini
BC: Education

310

311

312

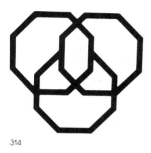

313

314

315

316

317

318

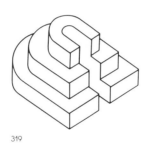

319

320

321

322

311 AD/DS: Sudarshan Dheer
DF: Graphic Communication
Concepts
CL: EXIM Bank
BC: Seminar

312 AD: R K Joshi
DS: V K Bhoir
DF: Ulka Advtg.
CL: Child Development &
Education Centre
BC: Education

313 AD/DS/DF: Shantaram K
Raut
CL: Kala Saragam
BC: Theatre Group

314 AD/DS: R K Joshi
DF: Ulka Advtg.
CL: Somani
BC: Education

315 AD/DS: Paras Bhansali
DF: Graphicaids
CL: Subodh Public School
BC: Education

316 AD/DS: Sharad D Desai
CL: Govt. of India
BC: Competition

317 DS: G K Padwal
DF: Pratibha Advtg.
CL: Ramkrishna Charities
BC: Education

318 AD/DS: Pradeep Choksi
DF: NID
CL: Gujarat Agricultural
University
BC: Education

319 AD: Bharat Chavhan
DS: Mantosh Lal
DF: We Graphic Designers
CL: Cadbury Management
Training Centre
BC: Training Centre

320 AD/DS: Yeshwant Chaudhary
DF: Communica/Corporate
Communications
CL: Muktai - Women's
Development Trust
BC: Training

321 AD/DS: R K Joshi
DF: Ulka Advtg.
CL: Programme on Teaching
BC: Education

322 AD: V Surendra Gupta
DS: P P Raju
DF: Marketing Consultants &
Agencies
CL: Administrative Training
Institute
BC: Training

Education, Arts, Culture, Community Groups

323 AD/DS: R Sequara
DF: Ulka Advtg.
CL: Society for Cleaners
BC: Social Awareness

324 AD/DS: R K Joshi
DF: Ulka Advtg.
CL: Population Education
BC: Social Service

325 AD/DS/DF: Subhash Pawar
CL: ICDS Scheme
BC: Child Welfare

326 AD/DS: Pradeep Choksi
DF: NID
CL: Indo-Bhutan Friendship
Society
BC: Community Group

327 AD: Adil Bharucha
DS: Sushma Durve
DF: Concepta Advtg.
CL: Society for the Prevention
of Cruelty to Animals
BC: Animals Welfare

328 AD/DS/DF: Shantaram K
Raut
CL: Anantashram
BC: Social Organisation

329 DS: Prabir Sen
CL: Mridangar
BC: Social Work

330 AD/DS: Shailesh Modi
DF: Kruti Communication
CL: National Drama Festival
BC: Drama

331 AD/DS: S M Shah
DF: NID
CL: Indian Institute of Rural
Management
BC: Social Organisation

332 AD: Avinash Naiksatam
DS: Milind Mainkar
DF: Avishkar Advtg. Services
CL: Indian Institute of
Interior Designers
BC: Contest

333 AD/DS: Shailesh Modi
DF: Kruti Communication
CL: West Zone Cultural
Centre
BC: Cultural Activity

323

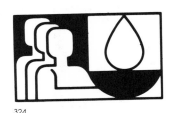

324

325

326

327

328

329

330

331

332

333

34

334

335

336

337

338

339

340

341

342

334 AD: Arun Kale
    DS: Ulhas Vaze
    DF: Nexus Advtg.
    CL: The Gramophone Co. of
        India
    BC: Music Album

335 AD/DS: Yeshwant Chaudhary
    DF: Communica/Corporate
        Communications
    CL: International Society of
        Ecological Statistics
    BC: Statistics

336 AD/DS: Dilip Warang
    DF: Rediffusion Advtg.
    CL: Adgro '82
    BC: Advertising Congress

337 AD/DS: R K Joshi
    DF: Ulka Advtg.
    CL: Indian Centre of
        Encouraging Excellence
    BC: Institution

338 AD/DS: Narendra Srivastava
    CL: Seventh Non-Aligned
        Summit 1983
    BC: Event

339 AD/DS: Nalesh Patil
    DF: Avishkar Advtg. Services
    CL: Burns Association of
        India
    BC: International Congress

340 AD/DS: Yeshwant Chaudhary
    DF: Communica/Corporate
        Communications
    CL: Indus International
    BC: Cultural Activities

341 AD/DS: Anil Dabhade
    DF: Prayog
    CL: Akshar Academy
    BC: Coaching Classes

342 AD/DS/DF: Chelna Desai
    CL: SPARROW
    BC: Social Institution

343 AD/DS: Manu Gajjar
DF: NID
CL: National Council of
Educational Research &
Training
BC: Training

344 AD: Urshila Kerkar/Dhun
Cordo
DS: Hemant Shirodkhar
DF: Sneh Sadan Graphic
Services
CL: The Agency
BC: Cultural

345 AD/DS: D K Madhu Kumar
DF: Signet Designs
CL: Sanskrit Academy
BC: Education

346 AD/DS: Sonal Dabral
DF: Lintas
CL: National Institute of
Fashion Technology
BC: Education

347 AD/DS: Gita Bhalla
DF: Headstart Advtg.
CL: Sher-I-Kashmir
International Conference
Centre
BC: Conferences

348 AD/DS: Pradeep Powale
DF: Shutters Advtg.
CL: Poddar
BC: Training

349 DS: Neeta Verma
DF: NID
CL: Indian Institute of Forest
Management
BC: Training

350 AD/DS: Manohar Raul
DF: Creative Unit
CL: Transelektra Domestic
Products
BC: Conference

351 AD/DS: Arvind Gosavi
DF: Chaitra Advtg.
CL: South East Asia
Computer Confederation
BC: Seminar

352 AD/DS: Yeshwant Chaudhary
DF: Communica/Corporate
Communications
CL: SIDI
BC: Seminar

343

344

345

346

347

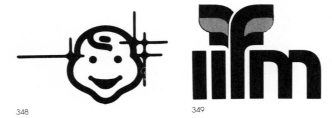

348

349

350

351

352

353

355

354

353 AD/DS: Hema Karkaria
DF: Centre for Environment
    Education
CL: Sundervan
BC: Education

354 AD/DS: Neville Desouza
DF: OBM
CL: OBM
BC: Training

355 DS: Radhi Parekh
DF: NID
CL: Festival of India
    Committee
BC: Cultural Activity

356 AD/DS: Satish Deshpande
DF: S J Advtg. Services
CL: Association of Oral &
    Maxillo Facial Surgeons
    of India
BC: Conference

357 AD/DS: HTA Creative Team
DF/CL: HTA
BC: Workshop

358 AD: Vikas Satwalekar
DS: Dilip Oza
DF: NID
CL: Sardar Patel Institute of
    Public Admn.
BC: Education

359 AD/DS: S M Shah
DF: NID
CL: UNIDO-ICSID India-'79
BC: Conference

360 AD/DS: Brendan Pereira
DF: Glima
CL: Eucharistic Congress
    Committee
BC: Event

361 AD/DS: Prabhakar Joshi
DF: Prabhansh Advtg.
CL: Nutan Balvikas Primary
    School
BC: School

356

357

358

359

360

361

Education, Arts, Culture, Community Groups

362 AD: Vikas Satawlekar
DS: Vitthal H Varia
DF: NID
CL: Mountaineering Institute
of Abu
BC: Training Centre

363 AD/DS: Yeshwant Chaudhary
DF: Communica/Corporate
Communications
CL: IDC
BC: Education

364 AD/DS: Narendra Srivastava
DF: Studio C Forty
CL: Punjabi Academy
BC: Education

365 AD/DS: N N Gujarati
CL: Mahatma Phule Krishi
Vidyapeeth
BC: Education

366 AD/DS: J P Irani
CL: School for Appropriate
Learning
BC: Education

367 AD/DS/DF: Shantaram K
Raut
CL: M H High School
BC: Education

368 AD/DS: Yeshwant Chaudhary
DF: Communica/Corporate
Communications
CL: National Academy of Film
& Television
BC: Education

369 AD/DS: Yeshwant Chaudhary
DF: Communica/Corporate
Communication
CL: Centre for Managing the
Self
BC: Education

370 AD/DS: Yeshwant Chaudhary
DF: Communica/Corporate
Communication
CL: Dnyaneshwar Vidyapeeth
BC: Education

362

363

364

365

366

367

368

369

370

371

372

373

374

375

376

377

378

379

380

381

382

371 AD/DS: Preeti Vyas Giannetti
DF: Vyas Giannetti
CL: NID & CEI
BC: Seminar

372 AD/DS: Yeshwant Chaudhary
DF: Communica/Corporate
Communications
CL: Behavioral Science
Centre
BC: Education

373 AD/DS/DF: Shantaram K
Raut
CL: Thane School of Art
BC: Education

374 DS: J P Irani
DF: Art Dept., Larsen &
Toubro
CL: Larsen & Toubro
Institute of Technology
BC: Training

375 AD/DS: Yeshwant Chaudhary
DF: Communica/Corporate
Communications
CL: International Vocational
Guidance Association
BC: Education

376 AD/DS: Paras Bhansali
DF: Graphicaids
CL: H.C.M. State Institute
BC: Training Centre

377 AD/DS: Dushyant Parasher
DF: Akshara Advtg.
CL: Federation of Indian
Chamber of Commerce
BC: Conference

378 AD/DS: Vikas Satwalekar
DF: NID
CL: Indian Institute of
Management
BC: Education

379 AD/DS: Yeshwant Chaudhary
CL: Communica/Corporate
Communications
DF: Chhatra Bharati
BC: Youth Movement

380 AD/DS: Narendra Srivastava
CL: South Asian Regional
Co-operation
BC: Conference

381 AD/DS: Sudarshan Dheer
DF: Graphic Communication
Concepts
CL: Chandigarh College of
Architecture
BC: Education

382 AD/DS: Yeshwant Chaudhary
DF: Communica/Corporate
Communications
CL: Samaj Prabodhan
Prakashan
BC: Social Awareness

Education, Arts, Culture, Community Groups

383 AD/DS: S M Shah
DF: NID
CL: Film & TV Institute of
India
BC: Film Institute

383

384

385

384 AD: V Surendra Gupta
DS: P P Raju
DF: Marketing Consultants &
Agencies
CL: Karnataka Exhibition
Authority
BC: Exhibitions

385 AD/DS: Benoy Sarkar
DF: HHEC Design Cell
CL: Trade Fair Authority of
India
BC: Trade Fairs

387

388

386 AD/DS: Yeshwant Chaudhary
DF: Communica/Corporate
Communications
CL: Madhyam Films
BC: Film Making

386

387 AD/DS: Ashok K Sood
DF: Design Workshop
CL: Sangeeta
BC: Films

388 AD/DS: Arun Kale
DF: Nexus Advtg.
CL: Oberoi Hotels
BC: Music Event

389

390

391

389 AD: Dara N Ichhaporia
DS: Parveen G Mayekar
DF: Dara Designing Concepts
CL: Creators Production
BC: English Theatre

390 AD/DS: Narendra Srivastava
CL: Third Asian International
Trade Fair
BC: Trade Fair

391 AD: Arvind Padave
DF: Frank Simoes Advtg.
CL: Raymond Woollen Mills
BC: Fashion Show

392

393

394

392 AD/DS: S M Shah
DF: NID
CL: Chic Display
BC: Exhibitions

393 AD/DS: R K Joshi
DF: Ulka Advtg.
CL: Sarram
BC: Social Work

394 AD/DS: Sudarshan Dheer
DF: Graphic Communication
Concepts
CL: Dheer Films
BC: Film Making

395

397

396

398

399

400

401

402

Education, Arts, Culture, Community Groups

403 AD/DS: Yeshwant Chaudhary
DF: Communica/Corporate
Communications
CL: Ankit Films
BC: Film Making

404 AD: Dara N Ichhaporia
DS: Parveen G Mayekar
DF: Dara Designing Concepts
CL: Samvaad Production
BC: TV Serial & Films

405 AD: Shashi Bhomavat
DF: Shashis Advtg.
CL: PDR Videotronics
BC: Film Making

406 AD/DS: Raju Khulge
DF: Ila Communications
CL: Girish Sahadeo
BC: Art Historical Research

407 AD/DS: D K Madhu Kumar
DF: Signet Designs
CL: Poornima Films
BC: Cine Films

408 AD/DS: Sudhakar Khambekar
DF: Shashis Advtg.
CL: Shashis
BC: Exhibitions

409 AD: Arun Kale
DS: Sachin Raut
DF: Nexus Advtg.
CL: The Gramophone Co. of
India
BC: Music Album

410 AD: Viru Hiremath
DS: Chandrakant Venupure
DF: Vartul
BC: Recorded Cassettes

411 AD/DS: Preeti Vyas Giannetti
DF: Vyas Giannetti
CL: C R Y
BC: Child Relief

412 AD: Bharat Chavhan
DF: We Graphic Designers
CL: Louis Banks
BC: Musician

413 AD/DS: Allan Martin Luther
DF: Alfred Allan Advtg.
CL: Grace Assembly
BC: Local Church

403

404

405

406

407

408

411

409

410

413

412

414

416

415

417

418

419

420

421

422

Education, Arts, Culture, Community Groups

423 AD/DS: Yeshwant Chaudhary
DF: Communica/Corporate
Communications
CL: Govind & Satyadev Films
BC: Film Making

424 AD/DS: Ashok K Sood
DF: Design Workshop
CL: Sangeeta
BC: Film Making

425 AD/DS: Sudarshan Dheer
DF: Graphic Communication
Concepts
CL: Man-Made Textiles-Fair
BC: Trade Fair

426 DS: Arvind V Nagwekar
CL: Cultural Theatre
BC: Tourist Fair

427 DS: Rita Braganza
DF: Rita Graphics
CL: Opus Magnum
BC: Cultural Activities

428 AD/DS: Ashoka Jha
DF: Mark Makers
CL: Indian Art & Craft
Academy
BC: Art Centre

429 AD: Roby D'Silva
DS: Roby D'Silva/Donald
D'Silva
DF: Desilva Associates
CL: Bombay East Indian
Association
BC: Cultural Activity

430 AD/DS: Viru Hiremath
DF: Vartul
CL: Indian Engg. Trade Fair
BC: Trade Fair

431 AD/DS/DF: Shantaram K
Raut
CL: Mitra Sahayog
BC: Theatre Group

432 AD/DS/DF: Dilip Patel
CL: Pratibimb
BC: Film Making

433 AD/DS: D Y Acharekar
DF: Trupti Graphics
CL: Prayog
BC: Theatre

434 AD/DS/DF: Nandan
Nagwekar
CL: Govt. of France
BC: Exhibitions

423

424

425

427

428

426

429

430

431

432

433

434

44

435

436

437

438

439

440

441

442

443

435 AD/DS: V Surendra Gupta
     DF: Marketing Consultants &
        Agencies
     CL: Karnataka Forests
        Department
     BC: Social Awareness

436 AD/DS: Subrata Bhowmick
     DF: Subrata Bhowmick
        Design
     CL: Gujarat Police
     BC: Social Service

437 AD/DS: N Chapgar
     DF: Ulka Advtg.
     CL: Bangladesh Aid
     BC: Social Service

438 AD: Avinash Naiksatam
     DS: Deepa Sawant
     DF: Avishkar Advtg. Services
     CL: Burns Association of
        India
     BC: Public Service

439 AD/DS/DF: Shantaram K
        Raut
     CL: Swatantra Saynik Sewa
        Samiti
     BC: Social Organisation

440 AD/DS: Yeshwant Chaudhary
     DF: Communica/Corporate
        Communications
     CL: Lokmanya Medical
        Foundation
     BC: Social Welfare

441 DS: Tushar Chandrakant
        Joshi
     DF: Kirti Advertisers
     CL: NISA
     BC: Union

442 AD/DS/DF: Dilip Bhandare
     CL: Karyakarta Sahayya Nidhi
     BC: Social Service

443 AD: Dolly Biswas
     DS: Archana Patel
     DF: Corporate Image
     CL: Kripa Foundation
     BC: Institution

Education, Arts, Culture, Community Groups

444 AD/DS: Usha Kulkarni
DF: OBM
CL: Cable Corpn. of India
BC: Event

445 AD/DS: Yeshwant Chaudhary
DF: Communica/Corporate
    Communications
CL: Khadi & Village
    Industries
BC: Rural Development

446 AD: Panna Jain
DS: Prakash Patil
DF: Heros Publicity
CL: Bajaj Electrical
BC: Event

447 AD: Subhash Tendle
DS: S P Lokhande
DF: Ulka Advtg.
CL: Hindustan Ciba Geigy
BC: Event

448 AD/DS: Sudarshan Dheer
DF: Graphic Communication
    Concepts
CL: IDBI
BC: Event

449 AD/DS: Prakash Patil
DF: DGIPR
CL: Govt. of Maharashtra
BC: Event

450 AD/DS: Sudarshan Dheer
DF: Graphic Communication
    Concepts
CL: Bank Of Baroda
BC: Event

451 AD/DS: Arun Kale
DF: Nexus Advtg.
CL: Cabinet Secretariat
    Implementation
    Committee
BC: Event

452 AD: Subhash Tendle
DS: S P Lokhande
DF: Ulka Advtg.
CL: Zodiac
BC: Event

453 AD: R K Joshi
DS: Anil Tendulkar
DF: Ulka Advtg.
CL: Simplex Mills
BC: Event

454 AD/DS: Sudarshan Dheer
DF: Graphic Communication
    Concepts
CL: Bombay College
    of Pharmacy
BC: Event

455 DS: G K Padwal
DF: Pratibha Advtg.
CL: Kirloskar Group
BC: Event

444

445

446

447

448

449

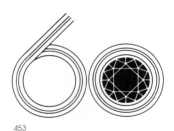

450

451

452

453

454

455

456

457

459

462

460

458

461

463

464

456 AD/DS: N D Wakhre
DF: Wakhre Advtg.
CL: Burroughs Wellcome (I)
BC: Swimming Event

457 AD/DS: Yeshwant Chaudhary
DF: Communica/Corporate
Communications
CL: Bharat Padayatra
BC: Social Movement

458 AD/DS: Prakash Patil
DF: Graphic Synthesis
CL: Govt. of Maharashtra
BC: Fair

459 AD/DS: Paras Bhansali
DF: Graphicaids
CL: Public Health
Engineering Dept.
BC: Social Welfare

460 AD/DS/DF: Shantaram K
Raut
CL: Hongkong Bank
Pensioners Association
BC: Pensioners Association

461 AD/DS: R K Joshi
DF: Ulka Advtg.
CL: Ceat Tyres
BC: Anniversary

462 AD/DS/DF: Pradeep Powale
CL: Sarvajanik Ganeshotsav
Mandal
BC: Event

463 AD/DS: Yeshwant Chaudhary
DF: Communica/Corporate
Communications
CL: Youth Cell
BC: Youth Welfare

464 AD: Pramod Hardikar
DS: Deepak Patel
DF: Shravan Arts
CL: Lions Club International
BC: Social Work

Education, Arts, Culture, Community Groups

465 AD/DS: Prakash Patil
 DF: D.I.G.P.R.
 CL: Govt. of Maharashtra
 BC: Social Awareness

466 DS: Saraswati D Palekar
 CL: All India Kashmiri Samaj
 BC: Social Group

467 AD/DS/DF: Shantaram K
 Raut
 CL: All India Co-ordination
 Committee of Aviation
 Trade Unions
 BC: Trade Unions

468 AD/DS/CL: Prakash Patil
 DF: Graphic Synthesis
 BC: Social Event

469 AD/DS: Sanat N Surti
 CL: C R Y
 BC: Social Service

470 AD/DS: Anil Dabhade
 DF: Prayog
 CL: Pariwartan '84
 BC: Community Development

471 AD/DS: Shekhar Ahuja
 DF: Shade
 CL: African National
 Congress
 BC: Event

472 AD/DS: Pradeep Powale
 DF: Link Ads
 CL: Indian Navy
 BC: Presidents' Review

473 AD/DS/DF: Dilip Bhandare
 CL: Student Power
 BC: Voluntary Organisation

474 AD/DS: Shailesh Modi
 DF: Kruti Communication
 CL: Satmarg Mahila Udyog
 Kendra
 BC: Social Activity

475 AD/DS: Avinash Naiksatam
 DF: Avishkar Advtg. Services
 CL: Inno Vision
 BC: Short Films &
 Documentaries

465

466

467

468

469

470

471

472

473

474

475

476

477

श्रम एव जयते
NDMC

479

480

481

482

483

484

Education, Arts, Culture, Community Groups

485 AD/DS: R K Joshi
DF: Ulka Advtg.
CL: Children's Ortho.
Hospital
BC: Event

486 AD/DS: H K Vyas
DF: NID
CL: Water Mission
BC: Public Service

487 AD/DS: Benoy Sarkar
DF: HHEC Design Cell
CL: Ganga Authority
BC: Social Service

488 AD/DS: Sudarshan Dheer
DF: Graphic Communication
Concepts
CL: A V Films
BC: Film Making

489 AD/DS/DF: Shantaram K
Raut
CL: Ban Bandhu
BC: Social Service

490 AD: Vikas Satwalekar
DS: Bhadresh Shukla
DF: NID
CL: Rashtriya Vriksha Mitra
Sahyog
BC: Environment

491 AD/DS: Prakash Patil
DF: D G I P R
CL: Govt. of Maharashtra
BC: Social Awareness

492 AD/DS: Ashok Gokhale
DF: Reflections
CL: Samajik Kritadnyata
Nidhi
BC: Social Work

493 AD: Nandita Khaire
DS: Gayatri Chauhan
DF: Novagraphics
CL: National Centre for
Human Settlements &
Environment
BC: Social Organisation

494 AD/DS: Pradeep Powale
DF: FDS
CL: Asian Games Committee
BC: Event

495 AD/DS: Sanjay B Daiv
DF: Climax Advtg. & Graphic
Consultants
CL: Chh. Sambaji Maharaj
Smarak Mandal
BC: Social Service

486

487

485

488

489

490

491

492

493

494

495

50

496 AD/DS: Sudarshan Dheer
     DF: Graphic Communication
         Concepts
     CL: Mahavir Hospital
     BC: Hospital

496

Health Care & Sports

497 AD/DS: Yeshwant Chaudhary
DF: Communica/Corporate
Communications
CL: Duphar Interfran
BC: Pharmaceuticals

498 AD/DS: Yeshwant Chaudhary
DF: Communica/Corporate
Communications
CL: Ciba India
BC: Pharmaceuticals

499 AD/DS: Raju Khulge
DF: Ila Communications
CL: Pawar Agencies
BC: Pharmaceuticals

500 AD/DS/DF: J R Mangaonkar
CL: Medlar Pharmaceuticals
BC: Pharmaceuticals

501 AD/DS: Yeshwant Chaudhary
DF: Communica/Corporate
Communications
CL: Nulife Pharmaceuticals
BC: Pharmaceuticals

502 AD/DS: Nandu Bhavsar
DF: Maadhyam
CL: Nidaan Clinic
BC: Clinic

503 AD/DS: Vijay R Mahamuni
DF: Comarts
CL: Trimurti Hair Cure Clinic
BC: Ayurvedic Ointmemt

504 AD/DS: Mohan R Raorane
DF: Wyadh Graphic
Designers
CL: Mardia Pharmaceuticals
BC: Pharmaceuticals

505 AD/DS: D K Madhu Kumar
DF: Signet Designs
CL: Pharmasia
BC: Pharmaceuticals

506 AD/DS: D G Patil
DF: Sharpline Advertisers
CL: Kunal Intl. Lab.
BC: Lab Instruments

507 AD/DS/DF: Chelna Desai
CL: Lady Ratan Tata Medical
& Research Centre
BC: Hospital

508 DS: Palamadai Subramanian M
CL: Health & Hygiene
BC: Hospital

497

498

499

500

501

502

503

504

505

506

507

508

509

510

511

512

513

514

515

516

517

518

519

520

509 AD/DS: Sudarshan Dheer
DF: Graphic Communication
Concepts
CL: Dr Pankaj Naram's
Herbal Remedies
BC: Ayurvedic Medicines

510 DS: Nilesh Mashruwala
DF: 5th Dimension
CL: Helios Pharmaceuticals
BC: Pharmaceuticals

511 AD/DS: Balkrishna V Joshi
DF: Climax
CL: Kolhapur Diagnostic
Centre
BC: Medical Centre

512 AD/DS: Panchal
Pareshkumar H
DF: Sunder Graphic
CL: Hobby Chenal
BC: Sports

513 AD/DS: Sunil Mahadik
DF: Clarion Advtg.
CL: Indian Leprosy
Foundation
BC: Rehabilitation of Lepers

514 AD: Vikas Satvalekar
DS: Vitthal H Varia
DF: NID
CL: Gujarat State Sports
Council
BC: Sports

515 AD/DS/DF: Amit Patel
CL: She
BC: Beauty Parlour

516 AD/DS: Yeshwant Chaudhary
DF: Communica/Corporate
Communications
CL: Bal Bodhpeeth's Bal
Anand Gram
BC: Child Care

517 AD/DS/DF: Amit Patel
CL: Krishna Hospital
BC: Health Care

518 AD/DS: Sudarshan Dheer
DF: Graphic Communication
Concepts
CL: Yoga Tirth Academy
BC: Yoga

519 AD/DS/DF: Shantaram K
Raut
CL: Star Sports Club
BC: Sports Club

520 AD/DS: Padam B Thapa
DF: Adknack Advtg.
CL: Kashi Anathalaya
BC: Orphans' Rehabilitation

521 AD/DS/DF: Panna Jain
CL: Puma Herbals
BC: Herbal Products

522 DF: Cadila Art Studio
CL: Cadila
BC: Pharmaceuticals

523 AD/DS: Yeshwant Chaudhary
DF: Communica/Corporate
   Communications
CL: Somved Ayurvedic
   Pharmaceuticals
BC: Ayurvedic Medicine

524 AD/DS/DF: S S Sathye
CL: Public Health Dept.
   Govt. of Maharashtra
BC: Family Welfare

525 AD/DS/DF: S S Sathaye
CL: Public Health Dept.
   Govt. of Maharashtra
BC: Family Welfare

526 AD/DS: Chandu Shetye
DF: Salesprom Advtg.
CL: Uni-Med India
BC: Pharmaceuticals

527 AD/DS/DF: Pradeep Powale
CL: Reflections
BC: Beauty Parlour

528 AD/DS: Yeshwant Chaudhary
DF: Communica/Corporate
   Communications
CL: Biogen Labs
BC: Pathological Products

521

522

524

525

526

523

Reflections

527

BIOGEN

528

529

530

531

529 AD/DS: N N Gujarati
CL: Sarvoday Hospital
BC: Hospital

530 AD: Anwar Alikhan/B. Dias
DS: B. Dias
DF: OBM
CL: Mind
BC: Rehabilitation of Mentally
Retarded Children

531 AD/DS/DF: Pradeep Powale
CL: Pandye Trust
BC: Rehabilitation of Mentally
Retarded

532

533

534

532 AD/DS: Rita Braganza
DF: Rita Graphics
CL: Shanti Sadan
BC: Rehabilitation of Drug
Addicts

533 AD/DS: Panchal Pravin
DF: Intra Communication
CL: Unity Health Complex
BC: Health Care Centre

534 AD: Avinash Naiksatam
DS: Deepa Sawant
DF: Avishkar Advtg.
CL: WORTH
BC: Rehabilitation Centre

535

536

537

535 AD/DS: Dayal
DF: Adimpact Advtg.
CL: Dadar Club
BC: Sports Club

536 AD: Urshila Kerkar/Dhun
Cordo
DS: Hemant Shirodkar
DF: Sneh Sadan Graphic
Services
CL: Himalayan Desert Rally
BC: Car Rally

537 AD/DS: Yeshwant Chaudhary
DF: Communica/Corporate
Communications
CL: Usha Laboratories
BC: Pathological Products

538

539

540

538 AD/DS: Sudarshan Dheer
DF: Graphic Communication
Concepts
CL: Saundarya
BC: Beauty Parlour

539 AD/DS: Rohit Modi
DF: Modi & Beckler
Associates
CL: Escorts Heart Institute
BC: Hospital

540 AD/DS: Roby D'Silva
DF: Desilva Associates
CL: Shirlal Pest Controls
BC: Pest Control

541 AD/DS: Yeshwant Chaudhary
DS: Communica/Corporate
Communications
CL: Lokmanya Medical
Foundation
BC: Hospital

542 AD/DS: Yeshwant Chaudhary
DF: Communica/Corporate
Communications
CL: Lokmanya Hospital &
Medical Foundation
BC: Family Planning

543 AD/DS: Yeshwant Chaudhary
DF: Communica/Corporate
Communications
CL: Lokmanya Hospital &
Medical Foundation
BC: Family Health Care

544 AD/DS: Anil K Mithbavkar
DF: Mak Design Display
Advtg.
CL: Arov Enterprise
BC: Dental Equipment

545 AD/DS: Yeshwant Chaudhary
DF: Communica/Corporate
Communications
CL: Lokmanya Medical
Foundation
BC: Health Care

546 AD/DS: Yeshwant Chaudhary
DF: Communica/Corporate
Communications
CL: Wockhardt Medical
Centre
BC: Medical Center

547 AD/DS: Brijen Thakkar
DF: Salt & Pepper Advtg.
CL: Zodiac Hospitals
BC: Hospital

548 AD/DS: Sudhakar Khambekar
DF: Sobhagya Advtg.
CL: Taparia Foundation
Institute of Ophthalmology
BC: Opthalmology

549 AD/DS: Mohan R Raorane
DF: Wyadh Graphic
Designers
CL: Pharmatechnics
Transnational
BC: Pharmaceuticals

550 AD/DS: Sudarshan Dheer
DF: Graphic Communication
Concepts
CL: Sher-e-Kashmir Hospital
BC: Hospital

551 DS: Shashikant Shirsekar
DF: Shabdaroop
CL: Chunabhatti Health
Centre
BC: Medical Centre

552 AD/DS: Ashok K Sood
DF: Design Workshop
CL: Prescon
BC: Pharmaceuticals

541

542

543

544

545

546

547

548

549

550

551

552

553

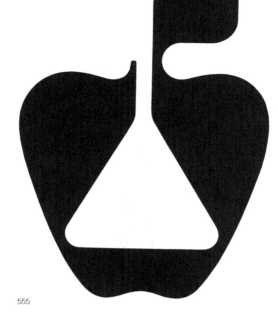

554

555

556

557

558

559

560

561

553   AD: Dara N Ichhaporia
     DS: Parveen G Mayekar
     DF: Dara Designing Concepts
     CL: Goju School
     BC: Karate Centre

554   AD/DS: Sudarshan Dheer
     DF: Graphic Communication
         Concepts
     CL: Associated Capsules
     BC: Pharmaceuticals

555   AD/DS: Sunil Mahadik
     DF: Sista's
     CL: Shrishma Fine Chemicals
         & Pharmaceuticals
     BC: Pharmaceuticals

556   AD/DS: Ajit S Chavan
     DF: Advtg. Consultant &
         Designers
     CL: Bird Pharmaceuticals
     BC: Pharmaceuticals

557   AD: Sohum Creative Team
     DF: Sohum Graphics
     CL: Agarwal Nursing Home
     BC: Hospital

558   AD/DS: Avinash Naiksatam
     DF: Avishkar Advtg.
     CL: National Institute of
         Aerobics
     BC: Health Care

559   AD/DS: Yeshwant Chaudhary
     DF: Communica/Corporate
         Communications
     CL: Wockhardt
     BC: Pharmaceuticals

560   AD: Urshila Kerkar/Dhun
         Cordo
     DS: Pravin Ahir
     DF: Sneh Sadan Graphic
         Services
     CL: Head Over Heels
     BC: Gymnasium

561   DS: Tushar Joshi
     DF: Kirti Advertisers
     CL: Ganpule Sports
     BC: Sports Goods

Health Care & Sports

562 AD/DS: Pravin C Hatkar
DF: Reflex Advtg.
CL: Wind Riders Centre
BC: Sports

563 AD/DS: Mohan R Raorane
DF: Wyadh Graphic
Designers
CL: Immunes
Pharmaceuticals
BC: Pharmaceuticals

564 AD/DS: Vijay R Mahamuni
DF: Comarts
CL: Kamdhenu Pesticides
BC: Pest Control

565 AD/DS: Aziz Mulla
DF: Square Image Advtg.
CL: Dr. Anil Adatiya's
Maternity Home
BC: Maternity Care

566 AD: R K Joshi
DS: R Sequera
DF: Ulka Advtg.
CL: Papu
BC: Child Care

567 AD/DS: Yeshwant Chaudhary
DF: Communica/Corporate
Communications
CL: Duphar Interfran
BC: Medicine for Burns &
Cuts

568 AD/DS: Nandkishor G
Mankar
DF: Gajasha Agency
CL: Blue Bird
BC: Surgical Appliances

569 DS: Nandakishor Kamat
DF: Shadowplay
CL: Gajanan Nursing Home
BC: Hospital

570 AD/DS: Ranjan De
DF: OBM
CL: Dollar Co.
BC: Ayurvedic Ointments

571 AD/DS: Avinash Naiksatam
DF: Avishkar Advtg.
CL: Talwalkars
BC: Gymnasium

572 AD/DS: Narendra Srivastava
DF: Studio C Forty
CL: Indian Spinal Injuries
Centre
BC: Health Care

573 AD/DS: Anil Dabhade
DF: Prayog
CL: Springfield Health
N'Heart
BC: Slimming Centre

562   563   564

565   566   567

568   569   570

571   572   573

58

574 AD/DS: Benoy Sarkar
DF: HHEC Design Cell
CL: Indian Airlines
BC: Airlines

574

Travel, Tourism
& Transportation

575 AD/DS: R K Joshi
DF: Ulka Advtg.
CL: I T C Hotel
BC: Hotels

576 AD/DS: Subrata Bhowmick
DF: Subrata Bhowmick
Design
CL: Montmarte Motor Inn
BC: Hotels

577 AD: Vijay Parekh
DS: Ramesh Patel
DF: Print Media
CL: Kalpna Travel Services
BC: Travels

578 AD/DS: Vijay Parekh
DF: Print Media
CL: Shah Travels
BC: Tours & Travels

579 AD/DS: Roby D'Silva
DF: Desilva Associates
CL: Michael Travel Services
BC: Travel Agents

580 AD/DS: Hemant Shinde
DF: Hemgiri
CL: Hotel Airlink
BC: Hotel

581 AD/DS: S M Shah
DF: NID
CL: Ring Railway
BC: Transport

582 AD: Pramod Hardikar
DS: Deepak Patel
DF: Shravan Arts
CL: Host-Inn
BC: Hotel

583 AD: Dolly Biswas
DS: Archana Patel
DF: Corporate Image
CL: Hotel Parle International
BC: Hotels

584 AD: Prakash Powale
DS: Ravindra Mahadik
DF: Taj Mahal Hotel
Design Dept.
CL: The Taj Group of Hotels
BC: Restaurant

585 AD/DS: Aleya Pillai
DF: Time & Space Advtg.
Services
CL: Indotel Banjara
BC: Hotel

586 AD/DS: Hemant Shinde
DF: Hemgiri
CL: China Garden
BC: Restaurant

575

576

577

578

579

580

581

582

583

584

585

586

587

588

589

590

591

592

587 AD/DS: IAS Creative Team
DF: Implement Advtg.
Services
CL: Ice Cream Gardens
BC: Ice Cream Parlour

588 AD: D Y Acharekar
DS: Trupti D Acharekar
DF: Trupti Graphic Design &
Illustration Services
CL: Food Channel
BC: Restaurant & Bar

589 DS: Arvind V Nagwekar
CL: Kamath Brothers
BC: Restaurant

590 AD/DS/DF: Aay's Advtg.
CL: Sanman
BC: Hotel

591 AD: Chandu Shetye
DS: Anil Dabhade
DF: Salesprom Advtg.
CL: Pushpak Travels
BC: Travel Agents

593

594

595

592 AD/DS: Ashok K Sood
DF: Design Workshop
CL: G L Hotels
BC: Hotel

593 AD/DS: Brijen Thakker
DF: Salt & Pepper Advtg.
CL: Summer Lawns Hotels
BC: Hotels

594 AD: Raju Khulge
DS: Raju Khulge/Madhu
DF: Ila Communications
CL: Hill View
BC: Hotel

596

597

598

595 AD: Prakash Powale
DS: Ravindra Mahadik
DF: Taj Mahal Hotel
Design Dept.
CL: Taj Group of Hotels
BC: Restaurant

596 AD: Prakash Powale
DS: Ravindra Mahadik
DF: Taj Mahal Hotel
Design Dept.
CL: The Taj Group of Hotels
BC: Restaurant

597 AD: Gita Simoes
DS: Ravi Mahadik
DF: Taj Mahal Hotel
Design Dept.
CL: The Taj Group of Hotels
BC: Coffee

598 AD/DS: Suryakant Rane
DF: Resource
CL: Ashwamegh
BC: Tours & Travels

Travel, Tourism & Transportation

599 AD/DS: IAS Creative Team
DF: Implement Advtg.
    Services
CL: Hotel Midtown Pritam
BC: Restaurant

600 AD: Prakash Powale
DS: Ravindra Mahadik
DF: Taj Mahal Hotel
    Design Dept.
CL: The Taj Group of Hotels
BC: Hotel

601 AD/DS: Aziz Mulla
DF: PH Advtg.
CL: Hong Kong
BC: Restaurant

602 AD/DS: Gita Bhalla
DF: Headstart Advtg.
CL: Le Meridien
BC: Restaurant

603 DS: Arvind V Nagwekar
CL: F D Kamath
BC: Restaurant

604 AD/DS: IAS Creative Team
DF: Implement Advtg.
    Services
CL: Hotel Parkway
BC: Hotel & Restaurant

605 AD/DS: Smita Upadhye
DF: Visual Arts
CL: Beijing Chinese
BC: Restaurant

606 AD/DS/DF: Aay's Advtg.
CL: Surya
BC: Restaurant

607 AD/DS/DF: Aay's Advtg.
CL: Gandharv
BC: Restaurant

608 DS: Arvind V Nagwekar
CL: V K Kamat
BC: Restaurant

609 DS: L U Pitale
DF: Everest Advtg.
CL: HCI
BC: Hotel

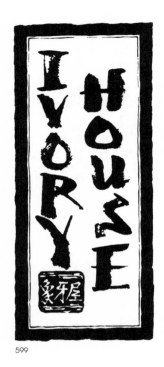

599

600

601

602

603

604

605

606

607

608

609

610

611

612

613

614

615

616

617

618

619

620

621

Travel, Tourism & Transportation

610 AD: Gita Simoes
     DS: Sharad Sathe
     DF: Taj Mahal Hotel
         Design Dept.
     CL: The Taj Group of Hotels
     BC: Hotel

611 DS: Arvind V Nagwekar
     CL: Shanbhag Bros.
     BC: Restaurant

612 AD: Prakash Hansraj
     DS: Jyoti Dubhashi
     DF: PH Advtg.
     CL: Peacock Restaurant
     BC: Restaurant

613 AD/DS: IAS Creative Team
     DF: Implement Advtg.
         Services
     CL: Hotel Midtown Pritam
     BC: Permit Room

614 AD/DS: IAS Creative Team
     DF: Implement Advtg.
         Services
     CL: Hotel Midtown Pritam
     BC: Hotel

615 AD: Aloke Dhar
     DS: Aloke Dhar & Dilip
         Tripathi
     DF: Ratan Batra
     CL: Eat Out Restaurant
     BC: Fast Food Restaurant

616 AD/DS: IAS Creative Team
     DF: Implement Advtg.
         Services
     CL: Hotel Midtown Pritam
     BC: Coffee Shop

617 AD: Shailendra Kothari
     DS: Naina Kothari
     DF: Quintessence
     CL: Deccan Queen
     BC: Restaurant

618 AD: Dolly Biswas
     DS: Archana Patel
     DF: Corporate Image
     CL: Stallion Travel Service
     BC: Travel & Tours

619 DS: Satyajit P Saraf
     CL: Chetana Vegetarian
         Restaurant & Bar
     BC: Restaurant

620 AD/DS: IAS Creative Team
     DF: Implement Advtg.
         Services
     CL: 20th Century Travels &
         Tours
     BC: Travel Agency

621 AD/DS: Gita Bhalla
     DF: Headstart Advtg.
     CL: Le Meridien
     BC: Hotel

622 AD: Prakash Powale
     DS: Ravindra Mahadik
     DF: Taj Mahal Hotel
          Design Dept.
     CL: The Taj Group of Hotels
     BC: Restaurant

623 AD/DS: Hemant Shinde
     DF: Hemgiri
     CL: Green House
     BC: Restaurant

624 AD/DS: R K Joshi
     DF: Ulka Advtg.
     CL: Hotel Chola
     BC: Hotel

625 AD/DS: Archana Patel
     DF: Corporate Image
     CL: Food Affair
     BC: Restaurant

626 DS: S P Lokhande
     CL: Datta Nanal
     BC: Restaurant

627 AD: Bharat Chavan
     DF: We Graphic Designers
     CL: Summer Villa
     BC: Hotel

628 AD: Dolly Biswas
     DS: Archana Patel
     DF: Corporate Image
     CL: Midas Hotels
     BC: Hotels

629 AD/DS: Madhukar Doiphode
     DF: OBM
     CL: Golden Gate Restaurant
     BC: Restaurant

630 AD/DS: Hemant Shinde
     DF: Hemgiri
     CL: Rasila
     BC: Restaurant

631 AD: Arun Kale
     DS: Ulhas Vaze
     DF: Nexus Advtg.
     CL: Oberoi Hotels
     BC: Hotel

622

623

624

625

626

627

628

629

630

631

632

633

634

635

636

637

638

639

640

632 AD: Prakash Powale
DS: Ravindra Mahadik
DF: Taj Mahal Hotel
Design Dept.
CL: The Taj Group of Hotels
BC: Restaurant

633 AD: Pramod Hardikar
DS: Deepak Patel
DF: Shravan Arts
CL: Host Hotels
BC: Restaurant

634 AD: Prakash Powale
DS: Ravindra Mahadik
DF: Taj Mahal Hotel
Design Dept.
CL: The Group of Hotels
BC: Coffee Shop

635 AD/DS: Manohar Raul
DF: Creative Unit
CL: Hotel Horizon
BC: Swimming Pool

636 AD/DS: Gita Bhalla
DF: Headstart Advtg.
CL: Le Meridien
BC: Hotels

637 AD/DS/DF: AAY's Advtg.
CL: Step-In
BC: Restaurant

638 AD/DS: Radhi Parekh
DF: Design & Architecture
CL: Vama Dept. Store
BC: Restaurant

639 AD/DS: Alaka Khairmoday
CL: Kitchen
BC: Restaurant

640 AD: Gita Simoes
DS: Ravi Mahadik
DF: Taj Mahal Hotel
Design Dept.
CL: The Taj Group of Hotels
BC: Restaurant

641 AD/DS: Nandu Bhavsar
     DF: Maadhyam
     CL: Hotel Gaurav
     BC: Hotel

642 AD/DS/DF: Achyut Palav
     CL: Hotel Peshwa
     BC: Hotel

643 DS: Narendra Vaidya
     DF: Scorpio Matrix
     CL: Gondola Restaurant
     BC: Restaurant

644 AD: Prakash Powale
     DS: Ravindra Mahadik
     DF: Taj Mahal Hotel
          Design Dept.
     CL: The Taj Group of Hotels
     BC: Bar

645 AD: V Surendra Gupta
     DS: P P Raju
     DF: Marketing Consultants &
          Agencies
     CL: Hoysala Hotels
     BC: Hotel

646 AD/DS: Yeshwant Chaudhary
     DF: Communica/Corporate
          Communications
     CL: Bureau of International
          Transportation
     BC: Transportation Services

647 DS: Arvind V Nagwekar
     CL: M TDC
     BC: Tourism

648 DS: Naik Sanjaykumar
     CL: Udipi Cafe
     BC: Restaurant

649 AD: Dolly Biswas
     DS: Archana Patel
     DF: Corporate Image
     CL: Midas Hotels
     BC: Restaurant

650 AD/DS: Rana Prajapathi
     DF: Marketing Consultants &
          Agencies
     CL: KSTDC
     BC: Tourism

651 AD/DS: S K Mohanty
     DF: Dott Advtg.
     CL: Srikrishna Caterers
     BC: Catering

652 AD: Urshila Kerkar/Dhun
          Cordo
     DS: Hemant Shirodkhar
     DF: Graphitecture
     CL: SIR Industries
     BC: Restaurant

641

642

643

644

645

646

647

648

649

650

651

652

653

654

655

656

657

658

659

660

661

662

663

653 AD/DS: Manohar Raul
DF: Creative Unit
CL: Hotel Horizon
BC: Hotel

654 AD/DS: Ashoka Jha
DF: Mark Makers
CL: Kapri
BC: Hotel

655 AD: Prakash Powale
DS: Ravindra Mahadik
DF: Taj Mahal Hotel
Design Dept.
CL: The Taj Group of Hotels
BC: Hotel

656 AD: Prakash Powale
DS: Ravindra Mahadik
DF: Taj Mahal Hotel
Design Dept.
CL: The Taj Group of Hotels
BC: Snack Bar

657 AD/DS: Dolly Biswas
DF: Corporate Image
CL: Hotel Sagar Plaza
BC: Hotels

658 AD: Gita Simoes
DS: Ramesh Darji
DF: Taj Mahal Hotel
Design Dept.
CL: The Taj Group of Hotels
BC: Restaurant

659 AD: Gita Simoes
DS: Ravindra Mahadik
DF: Taj Mahal Hotel
Design Dept.
CL: The Taj Group of Hotels
BC: Bar

660 AD/DS/DF: AAY's Advtg.
CL: Yatrik
BC: Hotel

661 AD: Prakash Hansraj
DS: Jyoti Dubhashi
DF: PH Advtg.
CL: New Yorker Restaurant
BC: Restaurant

662 AD: Prakash Powale
DS: Ravindra Mahadik
DF: Taj Mahal Hotel
Design Dept.
CL: The Taj Group of Hotels
BC: Hotel

663 AD/DS: IAS Creative Team
DF: Implement Advtg.
Services
CL: Pritam Hotel &
Restaurant
BC: Restaurant

664 AD/DS: Raju Khulge
  DF: Ila Communications
  CL: Daavat
  BC: Restaurtant

665 AD: Prakash Powale
  DS: Ravindra Mahadik
  DF: Taj Mahal Hotel
    Design Dept.
  CL: The Taj Group of Hotels
  BC: Bar

666 AD/DS: Prabhakar Joshi
  DF: Prabhansh Advtg.
  CL: Harshal Enterprise
  BC: Travel Agents

667 AD/DS/DF: AAY's Advtg.
  CL: Shravan
  BC: Restaurant

668 AD: Prakash Powale
  DS: Ravindra Mahadik
  DF: Taj Mahal Hotel
    Design Dept.
  CL: The Taj Group of Hotels
  BC: Hotel

669 AD/DS: IAS Creative Team
  DF: Implement Advtg.
    Services
  CL: Jehani Foods
  BC: Restaurant

670 AD/DS: Subrata Bhowmick
  DF: Subrata Bhowmick
    Design
  CL: Niagra Restaurant
  BC: Fast Food

671 AD/DS: Dolly Biswas
  DF: Corporate Image
  CL: Restaurant Inc.
  BC: Catering

672 AD: Gita Simoes
  DS: Ravi Mahadik
  DF: Taj Mahal Hotel
    Design Dept.
  CL: The Taj Group of Hotels
  BC: Hotel

665

664

666

667

668

669

670

671

672

673

674

675

676

677

678

679

680

681

682

683

684

673 AD: Chandu Shetye
DS: Uday Trailokya
DF: Salesprom Advtg.
CL: Hotel Doha Palace
BC: Hotel

674 AD/DS: Shashi Bhomavat
DF: Shashis Advtg.
CL: Woodlands
BC: Restaurant

675 AD/DS: Pravin C Hatkar
DF: Aakar
CL: N R Travels
BC: Travel Agency

676 AD: Rupande Kaku
DF: C G II Advtg.
CL: Travel Aid International
BC: Travel Agents

677 AD: Bharat Chavan
DF: We Graphic Designers
CL: The Royal Garden
BC: Hotel

678 AD/DS: R K Joshi
DF: Ulka Advtg.
CL: Mangal Hotel (ITC)
BC: Hotel

679 AD/DS: Chandu Shetye
DF: Salesprom Advtg.
CL: Travel Link
BC: Travel Agents

680 AD: Prakash Powale
DS: Ravindra Mahadik
DF: Taj Mahal Hotel
     Design Dept.
CL: The Taj Group of Hotels
BC: Restaurant

681 AD/DS: Arun Sabnis
DF: Creator Advtg.
CL: Hotel Yatri
BC: Hotel

682 AD/DS/DF: Shantaram K
     Raut
CL: Abhiruchi Restaurant &
     Bar
BC: Restaurant

683 AD: Vijay Parekh
DS: Bina Parekh
DF: Print Media
CL: Vishal Travels
BC: Tours & Travels

684 AD/DS: Vilas R Shirke
DF: Kampaign Advtg.
CL: Hotel Vaishali
BC: Hotel

Travel, Tourism
& Transportation

685 AD: Prakash Powale
DS: Ravindra Mahadik
DF: Taj Mahal Hotel
Design Dept.
CL: Gateway Hotels &
Getaway Resorts
BC: Hotel

686 AD/DS: R K Joshi
DF: Ulka Advtg.
CL: Hotel Maurya
BC: Hotel

687 AD/DS: Benoy Sarkar
DF: HHEC Design Cell
CL: International Airport
Authority of India
BC: Travel

688 AD/DS: Ganesh Tayde
DF: Ciel Advtg.
CL: Grand Central Restaurant
BC: Restaurant

689 DS: Sydney Lobo
DF: Alfred Allan Advtg.
CL: Aims Hotels &
Restaurants
BC: Restaurants & Hotels

690 AD/DS: Satish Sud
DF: Satish Sud Graphics
CL: Chateau Hotel
BC: Hotel

691 AD/DS/DF: Nandan
Nagwekar
CL: Garden Treat
BC: Restaurant

692 AD/DS/DF: Nandan
Nagwekar
CL: Nayaks' Group
BC: Restaurant

693 AD/DS: Yeshwant Chaudhary
DF: Communica/Corporate
Communications
CL: Lemuir Containers
BC: Cargo
Carriers/Forwarders

694 AD/DS: Yeshwant Choudhary
DF: Communica/Corporate
Communications
CL: Lemuir Packers
BC: Packers

695 DS: Shashikant Shirsekar
DF: Shabdaroop
CL: Parekh Marine Agencies
BC: Shipping Agents

696 AD/DS: Sudhakar Khambekar
CL: Antrek Tours
BC: Tours

685

686

687

688

689

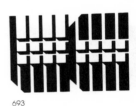

690

691

692

693

694

695

696

70

697

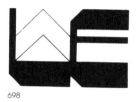

698

700

701

702

699

697 AD/DS: Benoy Sarkar
DF: HHEC Design Cell
CL: Delhi Transport Corpn.
BC: Transportation

698 AD/DS: Yeshwant Choudhary
DF: Communica/Corporate
      Communications
CL: Lemuir Air Express
BC: Air Freight & Forwarding

699 AD/DS: Alaka Khairmoday
CL: Joshi Travels
BC: Taxi Service

700 AD/DS: Shailesh Modi
DF: Kruti Communication
CL: Inland Waterways
      Authority of India
BC: Transportation

701 AD/DS: Sanjay B Daiv
DF: Climax
CL: National Motors
BC: Automobile Spare Parts

702 AD/DS: Alka Deswandikar
DF: Reflecto
CL: Khadkikar Transport
BC: Transport Contractor

703 AD: Rupande Kaku
DF: Chirag Graphics
CL: To-N-Fro Services
BC: Auto Hirers

703

704 AD/DS: Sudarshan Dheer
DF: Graphic Communication
Concepts
CL: Transcargo
BC: Forwarding Agency

705 DS: Naik Sanjaykumar
CL: Kataria Transport Co.
BC: Transport

706 AD: Dara N Ichhaporia
DS: Parveen G Mayekar
DF: Dara Designing Concepts
CL: Kay Oceanic
BC: Clearing & Forwarding

707 AD/DS: Yeshwant Chaudhary
DF: Communica/Corporate
Communications
CL: Air-Cargo Agents
Association of India
BC: Air-Cargo

708 AD/DS/DF: Shantaram K
Raut
CL: Roslyn Roadways
BC: Transport

709 DS: L U Pitale
DF: Everest Advtg.
CL: Standard Garage
BC: Automobile Servicing

710 AD/DS: Ashoka Jha
DF: Mark Makers
CL: Shounak Automobiles
BC: Automobiles

711 AD/DS: Suresh S Bapat
DF: Oasis Graphic Designers
CL: Handekari Garage
BC: Automobile Servicing

712 AD/DS: N D Wakhre
DF: Wakhre Advtg.
CL: Economic Transport
Organisation
BC: Transport

713 AD/DS: Prabhakar Joshi
DF: Prabhansh Advtg.
CL: V K Transports
BC: Transporters & Fleet
Owners

714 AD/DS/DF: Dilip Patel
CL: Akay Cargo Movers
BC: Transport

715 AD/DS: Yeshwant Chaudhary
DF: Communica/Corporate
Communications
CL: Lemuir Group
BC: Forwarding & Clearing
Agents

704

705

706

707

708

709

710

711

712

713

714

715

716

717

718

719

720

721

722

723

724

Travel, Tourism & Transportation

716 AD/DS: Prakash Patil
DF: Graphic Synthesis
CL: Hotel Jalgaon
BC: Hotel

717 AD/DS: Sudarshan Dheer
DF: Graphic Communication
Concepts
CL: Vilaza Hotels
BC: Hotel

718 AD/DS: Viru Hiremath
DF: Sobhagya
CL: Rajasthan Tourism
BC: Tourism

719 AD/DS: Mannu Gajjar
DF: NID
CL: India International
Centre
BC: Hotel

720 DS: Neel Kamal Patil
DF: Alfred Allan Advtg.
CL: Integrated & Hotels
BC: Hotel Consultancy

721 AD/DS: Suresh S Bapat
DF: Oasis Graphic Designers
CL: Shangrila Restaurant
BC: Restaurant

722 AD/DS: Gita Bhalla
DF: Headstart Advtg.
CL: J & K Tourism
Development Corpn.
BC: Tourism

723 DS: Vivek Hemant Bhurke
CL: Commonwealth Hotels
BC: Hotel

724 DS: Naik Sanjaykumar
CL: Star's Super Star
Restaurant
BC: Restaurant

725 AD: Gita Simoes
DS: Ravi Mahadik
DF: Taj Mahal Hotel
    Design Dept.
CL: The Taj Group of Hotels
BC: Hotel

726 AD/DS: Nandu Bhavsar
DF: Maadhyam
CL: Ankur
BC: Snackbar

727 AD: Vijay Parekh
DS: Bina Parekh
DF: Print Media
CL: Duplex Hotel
BC: Hotel

728 AD/DS: Yeshwant Chaudhary
DF: Communica/Corporate
    Communications
CL: ITDC
BC: Tourism

729 AD/DS: Alaka Khairmoday
DF: Creative Unit
CL: Hotel Horizon
BC: Hotel

730 AD/DS: Yeshwant Chaudhary
DF: Communica/Corporate
    Communications
CL: Lemuir Group
BC: Sea-Freight, Forwarding
    & Clearing

731 AD: Prabhakar Joshi
DS: Kantak
DF: Prabhansh Advtg.
CL: Ajit Tourists
BC: Tourism

732 AD/DS: IAS Creative Team
DF: Implement Advtg.
    Services
CL: India Pack Foods Co.
BC: Restaurant

733 AD/DS: Gita Bhalla
DF: Headstart Advtg.
CL: Le Meridien
BC: Hotels

734 AD: Prakash Powale
DS: Ravindra Mahadik
DF: Taj Mahal Hotel
    Design Dept.
CL: The Taj Group of Hotels
BC: Bar

735 AD/DS/DF: Aay's Advtg.
CL: Pathik
BC: Hotel

725

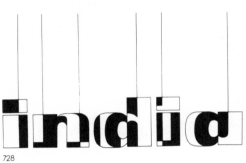

726

727

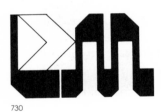

728

729

730

731

732

733

734

735

74

Agriculture,
Food & Beverages

736 AD/DS: Vikas Satwalekar
DF: NID
CL: Dairy Development
BC: Dairy

736

Agriculture, Food & Beverages

737 AD/DS: Ashoka Jha
DF: Mark Makers
CL: Phoenix Poultry
BC: Poultry Farming

738 AD/DS/DF: Pramod Kelkar
CL: Silver Ice Factory
BC: Ice

739 AD/DS: Sanjay Khare
DF: Trikaya Grey
CL: Gujarat Agro
BC: Fruit Drink

740 AD/DS: Sanjay Khare
DF: Trikaya Grey
CL: Mafco
BC: Fruit Drinks

741 AD/DS: Anand Joglekar
DF: Pratibha Advtg.
CL: Hotel Blue Diamond
BC: Bakery Products

742 AD/DS: Ashok K Sood
DF: Design Workshop
CL: Yankee Doodle Foods &
Icecreams
BC: Snacks & Ice Creams

743 AD/DS: Ashok K Sood
DF: Design Workshop
CL: Dairy Tops
BC: Dairy Products

744 AD/DS: Sanjay Khare
DF: Trikaya Grey
CL: Gujarat Agro
BC: Mango Pulp

745 AD/DS: Sanjay Khare
DF: Trikaya Grey
CL: Brijwasi Udyog
BC: Dairy Products

746 AD/DS: Yeshwant
Jamsandekar
DF: Trikaya Grey
CL: Parle Beverages
BC: Soft Drinks

747 AD/DS: IAS Creative Team
DF: Implement Advtg.
Services
CL: C J Gelatine
BC: Gelatine

748 AD/DS: Vijay Nyalpelly
DF: Studio 21
CL: Master Baker
BC: Biscuits

737

738

739

740

741

742

743

744

745

746

747

748

749

750

751

752

753

754

755

756

757

Agriculture, Food & Beverages

749 AD/DS: R K Joshi
DF: Ulka Advtg.
CL: Volga Frozen Food
BC: Ice Cream

750 AD/DS: Vijay Parekh
DF: Print Media
CL: Oswal Products
BC: Ice Cream Cones

751 AD/DS: Yeshwant Chaudhary
DF: Communica/Corporate
Communications
CL: Gujarat Co-operative Milk
Mktg. Corpn.
BC: Milk

752 AD/DS: Irfan A M R
DF: Quod Advtg. & Graphic
Design
CL: Suleman Mithaiwala
BC: Sweets

753 AD/DS: Ashok K Sood
DF: Design Workshop
CL: Maharashtra Dairy
Products
BC: Dairy Products

754 AD: V Surendra Gupta
DS: Chetna Gehelot
DF: Marketing Consultants &
Agencies
CL: Karnataka Milk
Federation
BC: Milk Products

755 DS: L U Pitale
DF: Everest Advtg.
CL: Patira Products
BC: Food Products

756 DS: Nandakishor Kamat
DF: Shadowplay
CL: Span Marketing
BC: Milk Products

757 AD/DS: IAS Creative Team
DF: Implement Advtg.
CL: Giftique Chocolates
BC: Chocolates

Agriculture, Food & Beverages

758 AD/DS: Sudarshan Dheer
DF: Graphic Communication
Concepts
CL: Kissan Products
BC: Food Processing

759 AD/DS: Yeshwant Chaudhary
DF: Communica/Corporate
Communications
CL: Rampur Distilleries
BC: Liquere & Liquor

760 AD: Dashrat Patel
DS: Chirag Shodhan/Dhun
Karkaria
DF: NID
CL: HMM (Horlicks)
BC: Food Drinks

761 AD/DS: Yeshwant Chaudhary
DF: Communica/Corporate
Communications
CL: Farm Food Industries
BC: Food Processing

762 AD/DS: Brijen Thakker
DF: Salt & Pepper Advtg.
CL: Amber Hybrid Seeds
BC: Agriculture

763 DS: M G Pancholy
DF: Alembic Advtg. Dept.
CL: Nirayu
BC: Liquors

764 AD/DS/DF: Pradeep Powale
CL: V P Bedekar & Sons
BC: Food Products

765 AD/DS: Yeshwant Chaudhary
DF: Communica/Corporate
Communications
CL: Namdeo Umaji & Co.
BC: Flower & Plant Seeds

766 AD/DS: Rupendu Chowdhury
DF: HTA
CL: Lily Biscuits Co.
BC: Biscuits

767 AD/DS/DF: Ratan Batra
CL: Shree Jagdish Oil
Industries
BC: Edible Oil

768 AD/DS: Raju Khulge
DF: Ila Communications
CL: Neha Foods
BC: Food Products

758

759

760

761

762

763

764

765

766

767

768

769

770

771

772

773

774

775

776

777

778

779

769 AD: Dolly Biswas
DS: Militia D'souza
DF: Corporate Image
CL: Griffins
BC: Fisheries

770 AD/DS/DF: Nandan
Nagwekar
CL: Indian Dairy & Cattle
Farm
BC: Dairy Farm

771 AD/DS/DF: Nandan
Nagwekar
CL: Viskem Poultry Farm
BC: Poultry Farming

772 AD/DS/DF: Pradeep Powale
CL: V P Bedekar & Sons
BC: Pickles & Spices

773 AD/DS: Nand Bhavsar
DF: Maadhyam
CL: The Saswad Mali Sugar
Factory
BC: Sugar

774 AD/DS: Brendan Pereira
DF: Glima
CL: Maya Foods
BC: Food & Processing

775 AD/DS: Brenden Pereira
DF: Glima
CL: Club Foods & Biscuits
BC: Food & Processing

776 AD/DS : Vijay Nyalpelly
DF: Studio 21
CL: Chinar Food Products
BC: Biscuits

777 AD/DS: Sudhakar Khambekar
CL: Maharashtra Rajya
Sahakari Dudh
Mahasangh
BC: Dairy Products

778 AD/DS: Joglekar Anand
DF: Pratibha Advtg.
CL: Venketeshwara
Hatcheries
BC: Poultry

779 AD/DS: Aleya Pillai
DF: Time & Space Advtg.
Services
CL: Vishnu Proteins.
BC: Soya Food Products

Agriculture,
Food & Beverages

780 AD/DS: Archana Patel
DF: Corporate Image
CL: American Dry Fruits
BC: Food Products

781 AD: Viru Hiremath
DS: V.R. Khedekar
DF: Vartul
CL: Kashi Dairy
BC: Dairy Products

782 AD: Ajit S Chavan
DS: Raju D Bind
DF: Advertising Consultants
& Designers
CL: Neelicon Dyestuff
BC: Food Colours

780   781   782

783 AD/DS: Mannu Gajjar
DF: NID
CL: Vadilal Ice Cream
BC: Milk Productss

784 AD: Chirag Shodhan
DS: P Varia & A Gohil
DF: Adscan
CL: Hasty Tasty
BC: Fast Food

783   784

785 AD/DS: Neville D'Souza
DF: OBM
CL: Voltas Industries
BC: Biscuits

786 DS: Shashikant Shirsekar
DF: Shabdaroop
CL: Pallavi Farms
BC: Farm Products

785   786

787 AD/DS: Panchal Pravin
DF: Panchal Pravin
Associates
CL: Rost-Pack
BC: Food Products

788 AD: Chandu Shetye
DS: Rajesh Naik
DF: Salesprom Advtg.
CL: Horizon Alcohol
Distilleries
BC: Distilleries

789 AD/DS: Neville D'souza
DF: OBM
CL: Kothari General Food
BC: Soft Drinks

787   788   789

790

791

793

794

795

796

797

**Agriculture,
Food & Beverages**

790   AD/DS/DF: Ajit Lotlikar
     CL: Heritage Agro Products
     BC: Fruit Juices

791   AD/DS: Usha Kulkarni
     DF: OBM
     CL: Hindustan Cocoa
         Products
     BC: Biscuits

792   AD/DS: Anil Sinha
     DF: NID
     CL: Agricultural & Processed
         Food
     BC: Food Processing

793   AD/DS: Yeshwant Chaudhary
     DF: Communica/Corporate
         Communications
     CL: Karjat Institute of Rural
         Development
     BC: Food Products

794   AD: V Surendra Gupta
     DS: P P Raju
     DF: Marketing Consultants &
         Agencies
     CL: Karnataka Agro
         Industries
     BC: Processed Food

795   AD/DS: Anil Uzgare
     DF: OBM
     CL: Corn Product
     BC: Corn Snacks

796   AD/DS: Ashok K Sood
     DF: Design Workshop
     CL: Kentucky Fast Foods
     BC: Fast Foods

797   AD/DS: E A Kitabi
     DF: Kitasu Advtg. Services
     CL: Royal Sweets
     BC: Sweetmeats

Agriculture, Food & Beverages

798 AD/DS: Yeshwant Chaudhary
DF: Communica/Corporate
Communications
CL: Tata Tea
BC: Instant Coffee

799 AD/DS: Ashok K Sood
DF: Design Workshop
CL: Yankee Doodle Foods &
Icecreams
BC: Dairy Products

800 AD/DS: IAS Creative Team
DF: Implement Advtg.
Services
CL: Gujarat Ice Cream Mfg.
Co.
BC: Ice Creams

801 AD/DS: Roby D'silva
DF: Desilva Associates
CL: Trishul Flavours
BC: Scented Betel Nuts

802 AD/DS: Yeshwant Chaudhary
DF: Communica/Corporate
Communications
CL: Rampur Distilleries
BC: Liqueres & Liquors

803 AD: V Surendra Gupta
DS: P P Raju
DF: Marketing Consultants &
Agencies
CL: Karnataka Agro
Industries
BC: Fruit Drink

804 DF: Avishkar Advtg. Services
CL: EPC Industries
BC: Drip & Sprinkler
Equipment

805 AD: Bharat Chavan
DF: We Graphic Designers
CL: Milan Tea
BC: Tea

806 AD/DS: Narendra Srivastava
CL: ICRISAT
BC: Agriculture

807 AD/DS: Prakash Patil
DF: Graphic Synthesis
CL: Kadwa Sahakari Sakhar
Karkhana
BC: Agriculture

808 AD: Anand Gupte
DS: Anagha Nigvekar
DF: Beej Advtg. Services
CL: Jain Irrigation Systems
BC: Irrigation

798

799

800

801

802

803

804

805

806

807

808

809 AD/DS: Yeshwant Chaudhary
DF: Communica/Corporate
    Communications
CL: Shroffs Chemicals
BC: Chemicals

809

Chemical Industry

810 AD: Chirag Shodhan
DS: A Gohil
DF: Adscan
CL: Chemitex Enterprise
BC: Chemicals

811 AD/DS: D K Madhu Kumar
DF: Signet Designs
CL: Parikh Metal & Chemical Ind.
BC: Metal Containers & Chemicals

812 AD/DS: Vijay Parekh
DF: Print Media
CL: Deepti Chemicals
BC: Chemicals

813 DS: Naik Sanjaykumar
CL: Electo Products Co.
BC: Plastics

814 AD/DS/DF: Nandan Nagwekar
CL: Gujarat Polyester
BC: Polyester Films

815 AD/DS: Brendan Pereira
DF: Aiyars Advtg.
CL: Polyolefins Industries
BC: Plastics

816 AD/DS: Brendan Pereira
DF: Aiyars Advtg.
CL: NOCIL
BC: Petrochemicals

817 AD: Chirag Shodhan
DS: P Varia
DF: Adscan
CL: Navdeep Polymers
BC: Plastics

818 AD/DS: Shirish R Pandya
DF: Shirish Advertisers
CL: Devi Chem
BC: Chemicals

819 AD/DS: B T Sande
DF: Indo Advtg.
CL: Kemiplast Industries
BC: Plastics

820 AD/DS: Rajesh Modi
CL: Mihir Chemicals
BC: Chemicals

821 AD/DS/DF: Amit Patel
CL: Shree Sidhi
BC: Chemicals

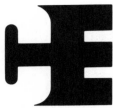
810

811

812

813

814

815

816

817

818

821

819

820

822

823

824

825

826

827

828

829

830

822 AD/DS: Nalesh Patil
DF: Avishkar Advtg.
CL: Orient Colour Lab
BC: Chemicals

823 AD/DS: B T Sande
DF: Indo Advtg.
CL: Ashwini Plastics &
Chemicals
BC: Plastics & Chemicals

824 AD/DS: Sudarshan Dheer
DF: Graphic Communication
Concepts
CL: Hindustan Petroleum
Corpn.
BC: Petroleum

825 AD/DS: Yeshwant Chaudhary
DF: Communica/Corporate
Communications
CL: Inventa Corpn.
BC: Chemicals

826 AD/DS: B T Sande
DF: Indo Advtg.
CL: Pesticides Formulators
Association of India
BC: Pesticides

827 AD/DS: Yeshwant Chaudhary
DF: Communica/Corporate
Communications
CL: United Phosphorous
BC: Phosphorous Chemicals

828 DS: Manu Desai
CL: Indian Organic
Chemicals
BC: Chemicals

829 DS: Varsha Pitale
DF: Varsha
CL: Petrochem Industries
BC: Petroleum Jelly

830 AD/DS: R K Joshi
DF: Ulka Advtg.
CL: Indian Explosive
BC: Fertilizers

831 AD/DS: Yeshwant Chaudhary
DF: Communica/Corporate
Communications
CL: Alta Laboratories
BC: Drugs & Chemicals

832 AD/DS: Davinder S Vaid
DF: Creative Art Graphics
CL: Max India
BC: Drugs & Chemicals

833 AD/DS: Vijay Parekh
DF: Print Media
CL: Naranlala Metal Works
BC: Alcohol Based Chemicals

834 DS: Varsha Pitale
DF: Varsha
CL: Metal Chem
BC: Chemicals

835 AD: Raju Khulge
DS: Madhu
DF: Ila Communications
CL: Auto Plast
BC: Plastics

836 AD/DS: Brendan Pereira
DF: Glima
CL: Spartan Packs
BC: HDPE Packs

837 AD/DS: Vijay Parekh
DF: Print Media
CL: Mukund
Chemi-Engineering
BC: Chemicals

838 AD/DS: V Surendra Gupta
DF: Marketing Consultants &
Agencies
CL: Mysore Acetate &
Chemicals Co.
BC: Cellulose Acetate
Moulding Granulose

839 AD: M A Pathan
DS: Shirish Pandya
DF: Advertising & Mktg.
Associates
CL: Shakun Plastics
BC: Plastics

840 AD/DS: E A Kitabi
DF: Kitasu Advtg.
CL: Amshahi Pharmaceutical
& Chemical Trading Co.
BC: Chemicals

831

832

833

834

835

836

837

838

839

840

841

843

842

845

846

847

848

849

Chemical Industry

841 AD/DS: Sudarshan Dheer
    DF: Graphic Communication
       Concepts
    CL: HOEC
    BC: Oil Exploration

842 AD/DS: Pravin C Hatkar
    DF: Reflex Advtg
    CL: Ultima Search
    BC: Pesticides

843 DS: Tushar Chandrakant
      Joshi
    DF: Kirti Advertisers
    CL: Samarth Enterprises
    BC: Chemicals

844 AD/DS: Yeshwant Chaudhary
    DF: Communica/Corporate
       Communications
    CL: United Phosphorous
    BC: Chemicals

845 AD/DS: Roby D'silva
    DF: Desilva Associates
    CL: S F Dyes & Chemicals
    BC: Dyes & Chemicals

846 DS: Varsha Pitale
    DF: Varsha
    CL: Bharat Chemicals
    BC: Carbon

847 AD: Dara N Ichhaporia
    DS: Parveen G Mayekar
    DF: Dara Designing Concepts
    CL: Sneha Plastics
    BC: Plastics

848 CL: Bharat Petroleum
    BC: Refining, Distribution &
      Mktg. of Petrol Products

849 AD/DS/DF: Ramesh Gulaskar
    CL: Mahesh Industries
    BC: Oil Mill

87

850 AD/DS: Anjali Purat
DF: Anushree Ad-N-Print
CL: J B Offshore
BC: Petrol

851 AD/DS: Yeshwant Chaudhary
DF: Communica/Corporate
Communications
CL: Citric India
BC: Citric Acid

 850

 851

 852

852 AD/DS: Ashoka Jha
DF: Mark Makers
CL: Vanikie Biochemical
Product
BC: Chemicals

853 AD/DS: Rajesh Modi
CL: Arjun Impex
BC: Dyes

854 AD/DS: Vijay Parekh
DF: Print Media
CL: Vishnu Rasayan Udyog
BC: Chemicals

 853

 854

 855

855 AD: Chandu Shetye
DS: Anil Dabhade
DF: Salesprom Advtg.
CL: Ag-Chem Laboratories
BC: Agro-Chemicals

856 AD/DS: Prakash Patil
DF: Graphic Synthesis
CL: Sumit Flouring
BC: Chemicals

857 AD/DS: Rajesh Modi
CL: PRM Pharma & Fine
Chemicals
BC: Chemicals

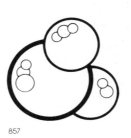 856

 857

 858

858 AD/DS/DF: Pramod Kelkar
CL: The Sirdar Carbonic Gas
BC: Carbon Dioxide

859 AD/DS: Satish Patkar
DF: Jyeshta Communications
CL: Unique Oils
BC: Reprocessing Crude Oil

860 AD/DS/DF: Vitthal H Varia
CL: Velani Oil Traders
BC: Oil Distributors

861 AD/DS: Ajit Palkhiwale
DF: Srujan Advtg.
CL: Matco India Corpn.
BC: Chemicals

 859

860

861

862 AD/DS: D K Madhu Kumar
DF: Signet Designs
CL: S Perianna Mudaliar
BC: Knitwear

862

863 AD/DS/DF: Pradeep Powale
CL: Cleanowell India
BC: Cleaning Powder

864 AD/DS: Madhav Tilak
DF: Dattaram Advtg.
CL: Mark Enterprises
BC: Pimple Care Soap

865 AD/DS: Dushyant Parasher
CL: Pall Mall
BC: Readymade Garments

866 AD/DS: Aziz Mulla
DF: G B Advtg.
CL: Pick-N-Pack Wear House
BC: Readymade Garments

867 AD/DS: Yeshwant Chaudhary
DF: Communica/Corporate
Communications
CL: Centron Industrial
Alliance
BC: Perfumes

868 AD/DS: Farzana
DF: Gra Graphic
CL: Chetan Chirag
BC: Garments

869 AD/DS: Satish Deshpande
DF: S J Advtg.
CL: Comfort Appliances
BC: Air Conditioners

870 AD/DS: Pradeep Powale
DF: Shutters Advtg.
CL: Tainwala Chemicals &
Plastic
BC: Cleansing Tissues

871 AD/DS/DF: Ratan Batra
CL: Fancy Corpn.
BC: Laces & Embroidered
Fabrics

872 AD: Dolly Biswas
DS: Archana Patel
DF: Corporate Image
CL: Ragi Apparel
BC: Uniforms

863

864

865

866

867

868

869

870

871
872

873

874

875

876

877

878

879

880

881

882

873 DS: Dilip Tripathi
DF: Ratan Batra
CL: T P H Corpn.
BC: Children's Garments

874 DS: Radhi Parekh
DF: NID
CL: Rainbow Cosmetics
BC: Cosmetics & Toiletries

875 AD/DS: Ashok K Sood
DF: Design Workshop
CL: Chic Cosmetics
BC: Cosmetics

876 AD/DS: Vikas Gaitonde
DF: Trikaya Grey
CL: Universal Luggage
BC: Moulded Luggage

877 AD/DS: Jaykumar Limbad
DF: Plus Graphics
CL: Nips Laboratories
BC: Bindies

878 AD/DS: HTA - Creative Team
DF: HTA
CL: Blow Plast
BC: Economy Luggage

879 AD: V Surendra Gupta
DS: Chetna Gehelot
DF: Marketing Consultants &
Agencies
CL: Karnataka Soaps &
Detergents
BC: Soaps

880 AD/DS: Satish Deshpande
DF: S J Advtg.
CL: Comfort Appliances
BC: Coolers

881 DS: Satyajit P Saraf
DF: Sista's
CL: Gujarat B D Luggage
BC: Hard & Soft Luggage

882 AD/DS: Sanjay Khare
DF: Trikaya Grey
CL: Universal Luggage
BC: Moulded Luggage

91

883 DS: Vivek Hemant Bhurke
     CL: Parag Mixers
     BC: Home Appliances

884 AD/DS: Chandu Shetye
     DF: Salesprom Advtg.
     CL: Butterfly International
     BC: Readymade Garments

885 AD/DS: Roby D'silva
     DF: Desilva Associates
     CL: Mafrel
     BC: Readymade Garments

886 AD/DS/DF: Shailesh Bhalani
     CL: Sanjay Traders
     BC: Readymade Garments

887 AD/DS/DF: Shailesh Bhalani
     CL: Rajat Enterprise
     BC: Incense Sticks

888 AD/DS: K P Singh
     DF: Gina Advtg.
     CL: Hindustan
          Electrographites
     BC: Vests & Briefs

889 AD/DS/DF: Shailesh Bhalani
     CL: Shiva Perfumery Works
     BC: Incense Sticks

890 AD/DS/DF: J R Mangaonkar
     CL: Perfumes & Flavours
          Association of India
     BC: Perfumes

891 AD/DS/DF: Satish Ganpat
          Pote
     CL: Aristocrat
     BC: Cosmetics

883

884

885

886

887

888

889

890

891

92

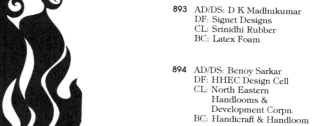

892

893

894

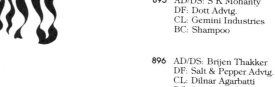

894

895

896

897

898

899

900

901

902

892 AD/DS: Yeshwant Chaudhary
DF: Communica/Corporate
Communications
CL: Centron Industrial
Alliance
BC: Safety Razor Blades

893 AD/DS: D K Madhukumar
DF: Signet Designs
CL: Srinidhi Rubber
BC: Latex Foam

894 AD/DS: Benoy Sarkar
DF: HHEC Design Cell
CL: North Eastern
Handlooms &
Development Corpn.
BC: Handicraft & Handloom

895 AD/DS: S K Mohanty
DF: Dott Advtg.
CL: Gemini Industries
BC: Shampoo

896 AD/DS: Brijen Thakker
DF: Salt & Pepper Advtg.
CL: Dilnar Agarbatti
BC: Incense Sticks

897 AD/DS/DF: Pradeep Powale
CL: Cleanowell India
BC: Cleaning Powder

898 AD/DS/DF: Nandan
Nagwekar
CL: Ali Perin
BC: Fashion Garments

899 AD/DS: Brenden Pereira
DF: Glima
CL: Graviera
BC: Textiles

900 DS: Tushar Chandrakant
Joshi
DF: Kirti Advertisers
CL: Shree-Jee Enterprise
BC: Home Appliances

901 AD: Dolly Biswas
DS: Archana Patel
DF: Corporate Image
CL: Star Textiles
BC: Textiles

902 DS: Alpa Sheth
DF: Dattaram Advtg.
CL: The Oriental Silk Co.
BC: Silk Fabrics

Consumer
& Household Products

903 AD: N Ghoshal
DS: Rajen Mistry
DF: Contour Advtg.
CL: Blow Plast
BC: Toys

904 AD: Yeshwant Chaudhary
DS: Ashok Sood
DF: Communica/Corporate
Communications
CL: Shanco Industries
BC: Watch Straps

905 DS: Vivek Hemant Bhurke
CL: Nirali House Ware
BC: Utensils

906 DS: Shashank V Solaskar
CL: The French Factor
BC: Air Freshner

907 AD/DS/DF: Shailesh Bhalani
CL: Health Perfumery Works
BC: Freshners

908 AD/DS: Sudhakar Khambekar
DF: Impressions Advtg.
CL: Trident Trading
BC: Foot Covers

909 AD/DS: Yeshwant Chaudhary
DF: Communica/Corporate
Communications
CL: Centron Industrial
Alliance
BC: Safety Razor Blades

910 DS: Satyajit P Saraf
DF: Sista's
CL: Zuari Leathers
BC: Leather Products

911 AD/DS: Pradeep Powale
DF: Shutters Advtg.
CL: Sachet Homewell
BC: Washing Liquid

912 AD/DS: Brijen Thakker
DF: Salt & Pepper Advtg.
CL: Smiling Heart
BC: Gifts & Crafts

913 AD/DS/DF: Nandan
Nagwekar
CL: Dana-Boi
BC: Fashion Garments

903

904 905

906

908

909

910

911

912

913

94

914

915

916

917

918

919

920

921

922

Consumer & Household Products

914 AD/DS: Pradeep Powale
DF: Shutters Advtg.
CL: Sachet Homewell
BC: Household Products

915 AD/DS: G Viswanathan
DF: Ketchu Dimensions
CL: Raaka Footwear
BC: Shoes

916 AD/DS: Narendra Srivastava
CL: Pierre Cardin
BC: Fashion Designer

917 AD/DS: R K Joshi
DF: Ulka Advtg.
CL: U-Foam
BC: Foam & Rubber Products

918 AD/DS/DF: Amit Patel
CL: Airson
BC: Diamonds

919 AD/DS: Yeshwant Chaudhary
DF: Communica/Corporate
Communications
CL: Shanco Industries
BC: Watch Straps

920 AD/DS: Pradeep Powale
DF. Ad Counsel
CL: Abco Plastics
BC: Home Plastic Wares

921 AD: Satish Kaku
DF: Chirag Graphics
CL: Parul Garments
BC: Readymade Garments

922 DS: Vivek Hemant Bhurke
CL: Nirali House Ware
BC: Utensils

Consumer
& Household Products

923 AD/DS: S K Mohanty
DF: Dott Advtg.
CL: Gemini Industries
BC: Shampoo

924 AD: Dolly Biswas
DS: Archana Patel
DF: Corporate Image
CL: Mahavir Inc.
BC: Textiles

925 AD/DS: Vijay Nyalpelly
DF: Studio 21
CL: Kaytee Corpn.
BC: Readymade Garments

926 DS/DF: Ratan Batra
CL: Lallubhai Amichand
BC: Baking Trays

927 AD/DS: Shekhar Ahuja
DF: Shade
CL: Sagar Electricals
BC: Appliances

928 AD/DS: Alaka Khairmoday
CL: Chandani
BC: Readymade Garments

929 AD/DS: Alaka Khairmoday
DF: Creative Unit
CL: Tata Oil Mills
BC: Beauty Soap

930 AD/DS: Madhukar Doiphode
DF: OBM
CL: Crompton Greaves
BC: Fans

931 AD/DS/DF: Nandan
        Nagwekar
CL: Alpine Enterprises
BC: Water Heaters

932 AD/DS: Manohar Raul
DF: Creative Unit
CL: Transelektra Domestic
        Products
BC: Mosquito Repellent

923

924

925

926

927

928

929

930

931

932

CHANDEL'AIR

933 AD/DS: Vijay Nyalpelly
     DF: Studio 21
     CL: Walker
     BC: Shoes

934 AD/DS: Madhukar Doiphode
     DF: OBM
     CL: Crompton Greaves
     BC: Fans

935 AD/DS: Anand Joglekar
     DF: Pratibha Advtg.
     CL: Electronica
     BC: Electronic Consumer
         Durables

936 AD/DS: Arvind V Nagwekar
     CL: Kaj Industries
     BC: Nylon Combs

937 AD/DS/DF: Vitthal H Varia
     CL: Dressup
     BC: Readymade Garments

938 AD/DS: Ajay Jain
     DF: Shikra Advtg.
     CL: API Polymer
     BC: Shoes

939 AD/DS: M Swaminathan
     DF: OBM
     CL: PCA
     BC: Home Appliance

940 AD/DS: Yeshwant Chaudhary
     DF: Communica/Corporate
         Communications
     CL: Duphar Interfran
     BC: Cosmetics & Perfumes

Consumer
& Household Products

941 AD/DS: R K Joshi
DF: Ulka Advtg.
CL: Penclub
BC: Pens

942 AD/DS: Archana Patel
DF: Corporate Image
CL: Kal International
BC: Ink/Paint

943 AD/DS: Sanjay Khare
DF: Trikaya Grey
CL: Trak Appliances
BC: Washing Machines

944 AD/DS: E A Kitabi
DF: Kitasu Advtg. Services
CL: Tan Creations
BC: Leather Bags

945 DS: Dilip Tripathi
DF: Ratan Batra
CL: Creative Hosiery
    Products
BC: Children's Garments

946 AD: V Surendra Gupta
DS: P P Raju
DF: Marketing Consultants &
    Agencies
CL: Karnataka Soaps &
    Detergents
BC: Soaps & Detergents

947 AD: V Surendra Gupta
DS: P P Raju
DF: Marketing Consultants &
    Agencies
CL: Mysore Cosmetics
BC: Cosmetics

948 AD: Sonny Pande
DS: Shashank V Solaskar
CL: The French Factor
BC: Cosmetics

949 AD/DS: Krishnarao V
    Mahatme
DF: Yashaswini Enterprises
CL: Europa Apparel
BC: Readymade Garments

941

942

943

944

945

946

947

948

949

98

950

951

952

953

954

955

956

957

958

959

960

950 AD: Dolly Biswas
DS: Archana Patel
DF: Corporate Image
CL: Star Textiles
BC: Textiles

951 AD/DS: Yeshwant Chaudhary
DF: Communica/Corporate
Communications
CL: Centron Industrial
Alliance
BC: Safety Razor Blades

952 DS: Vivek Hemant Bhurke
CL: Kalpataru Corpn.
BC: Home Appliances

953 DS: Satyajit P Saraf
DF: Sista's
CL: J L Morison
BC: Cosmetics

954 AD/DS: Prabhakar Joshi
DF: Prabhansh Advtg.
CL: D D Bagewadi & Co.
BC: Perfumes

955 AD: N Ghoshal
DS: Rajen Mistry
DF: Contour Advtg.
CL: Dinky Toys
BC: Toys

956 AD: Sonny Pande
DS: Shashank V Solaskar
CL: The French Factor
BC: Cosmetics

957 AD/DS/DF: Vijay Mistry
CL: Mangal Gift Wear
BC: Readymade Garments

958 AD/DS/DF: Nandan
Nagwekar
CL: Perfect Propylene Sacks
BC: Propylene Sacks

959 AD/DS: Panchal Paresh H
DF: Sunder Graphic
CL: Gaylord Men's Wear
BC: Readymade Garments

960 AD/DS: Brijen Thakker
DF: Salt & Pepper Advtg.
CL: Attire
BC: Readymade Garments

961 AD/DS: Nagendra Parmar
DF: Everest Advtg.
CL: Paragon Textile Mills
BC: Textiles

962 AD: Ajit Palkhiwale
DS: Aruna Palkhiwale
DF: Srujan Advtg.
CL: Wonder Window
BC: Readymade Curtains

963 AD/DS/DF: Nandan
Nagwekar
CL: Aarti Jewellers
BC: Jewellery

964 AD/DS: Chandu Shetye
DF: Salesprom Advtg.
CL: Butterfly International
BC: Readymade Garments

965 AD/DS: Yeshwant Chaudhary
DF: Communica/Corporate
Communications
CL: Shanco Industries
BC: Watch Straps

966 AD/DS: Sonal Dabral
DF: Lintas
CL: Oswal Woollen Mills
BC: Knitwear

967 AD: Vernan Rego
DS: Beepin Daftardar
DF: Marketing Consultants &
Agencies
CL: Karnataka Soaps &
Detergents
BC: Detergents & Powders

968 AD/DS: Viru Hiremath
DF: Trikaya Grey
CL: Bhor Industries
BC: Leather Cloth

969 AD/DS: Yeshwant Chaudhary
DF: Communica/Corporate
Communications
CL: Centron Industrial
Alliance
BC: Safety Razor Blade

970 AD/DS: Archana Patel
DF: Corporate Image
CL: Designer Wear
BC: Readymade Garments

971 AD: Urshila Kerkar/Dhun
Cordo
DS: Hemant Shirodkar
DF: Sneh Sadan Graphic
Services
CL: Grindlays
BC: Garments

961

962

963

964

965

966

967

968

969

970

971

972

973

974

975

976

977

978

979

980

981

982

Consumer & Household Products

972 AD/DS: Subrata Bhowmick
DF: Subrata Bhowmick
Design
CL: Nachmo Plastics
BC: Melamine Crockery

973 AD/DS: Subrata Bhowmick
DF: Subrata Bhowmick
Design
CL: Nachmo Plastics
BC: Melamine Crockery

974 AD: Subrata Bhowmick
DS: Stainley Joseph
DF: Subrata Bhowmick
Design
CL: Nachmo Plastics
BC: Melamine Crockery

975 AD/DS: Preeti Vyas Giannetti
DF: Vyas Giannetti
CL: Arvind Denim
BC: Denim Fabrics

976 AD/DS: Yeshwant Chaudhary
DF: Communica/Corporate
Communications
CL: Godrej Soaps
BC: Men's Toiletries

977 AD: Arvind Padave
DF: Ulka Advtg.
CL: Rajasthan Spinning &
Weaving Mills
BC: Textiles

978 AD/DS: V K Bhoeer
DF: Sarv Arts
CL: Aum Jewels Queens
Diamond
BC: Diamonds & Jewellery

979 AD/DS: Sudarshan Dheer
DF: Graphic Communication
Concepts
CL: Sha Sha
BC: Readymade Garments

980 AD/DS/DF: Shailesh Bhalani
CL: Teli Soap & Chemicals
BC: Washing Powder &
Soaps

981 AD: V Surendra Gupta
DS: P P Raju
DF: Marketing Consultants &
Agencies
CL: Ora International
BC: Leather Goods

982 AD/DS: Sanjay Barve
DF: Horizon Advtg.
CL: H V Garments
BC: Readymade Garments

Consumer & Household Products

983
AD/DS: Sudarshan Dheer
DF: Graphic Communication
    Concepts
CL: Dimexon
BC: Diamonds

984
AD/DS: Pradeep Powale
DF: Ad Counsel
CL: Hindon Diamond
BC: Diamonds

985
AD: Rupande Kaku
DF: C G II Advtg.
CL: P V Jhaveri
BC: Diamonds

986
AD: Panchal Pravin
DS: Panchal Pravin/Nitin
    Desai
DF: Panchal Pravin
    Associates
CL: Smit Diam
BC: Diamonds

987
AD: Rupande Kaku
DF: C G II Advtg.
CL: Karp Impex
BC: Diamonds

988
AD: R K Joshi
DS: Lokhandi S P
DF: Ulka Advtg.
CL: Dongarsee Diamonds
BC: Diamonds

989
AD/DS: Sudarshan Dheer
DF: Graphic Communication
    Concepts
CL: Mahendra Brothers
BC: Diamonds

990
AD/DS: Vijay Mistry
CL: Samira Diamond &
    Jewellery
BC: Diamonds & Jewellery

991
AD/DS: Panchal Pravin
DF: Panchal Pravin
    Associates
CL: Triveni Diamonds
BC: Diamonds

983

984

985

986

987

988

989

990

991

992

993

994

995

996

997

998

999

1000

1001

1002

1003

992 AD/DS: Sudarshan Dheer
DF: Graphic Communication
Concepts
CL: P D Kothari & Co.
BC: Diamonds

993 AD/DS: Sudarshan Dheer
DF: Graphic Communication
Concepts
CL: Universal Diamonds
BC: Diamonds

994 AD/DS/DF: Amit Patel
CL: Sukrut Diamonds
BC: Diamonds

995 AD/DS/DF: Amit Patel
CL: Samkit Diamonds
BC: Diamonds

996 AD/DS: Vijay Parekh
DF: Print Media
CL: Sauni Diam Sonir
Exports
CB: Diamonds

997 AD/DS: Sudarshan Dheer
DF: Graphic Communication
Concepts
CL: Ketan Bros.
BC: Diamonds

998 AD/DS: Sudarshan Dheer
DF: Graphic Communication
Concepts
CL: Kirtilal Kalildas & Co.
BC: Diamonds & Jewellery

999 AD/DS: Amit Patel
CL: M K Gems
BC: Diamonds

1000 AD/DS: Sudarshan Dheer
DF: Graphic Communication
Concepts
CL: Shrenuj & Co.
BC: Diamonds

1001 AD/DS: Sudarshan Dheer
DF: Graphic Communication
Concepts
CL: Impex Diamond Corpn.
BC: Diamonds

1002 AD/DS: Nandu Bhavsar
DF: Maadhyam
CL: Jamanadas Jewellers
BC: Jewellery

1003 AD/DS: Sudarshan Dheer
DF: Graphic Communication
Concepts
CL: Jewelex Industries Inc.
BC: Diamonds

1004 AD/DS: Nitin C Champaneria
DF: Didi Graphics
CL: Watch Shop
BC: Sales & Services

1004

1005

1006

1007

1008

1009

1010

1011

1012

1013

1014

1015

1016

1005 AD/DS: Nandu Bhavsar
DF: Maadhyam
CL: Kunden Saree Shoppe
BC: Boutique

1006 AD: Vijay Parekh
DS: Bina Parekh
DF: Print Media
CL: Surat Commercial Corpn.
BC: Trading

1007 AD/DS: Padam B Thapa
DF: Adknack Advtg.
CL: Act Enterprises
BC: Import/Export

1008 AD/DS/DF: Dilip Patel
CL: Sarasons Engg. &
    Trading Co.
BC: Stockist

1009 AD/DS: Nitin C Champaneria
DF: Didi Graphics
CL: Neesha Enterprise
BC: Generators

1010 DS: Nandakishor Kamat
DF: Shadowplay
CL: Span Marketing
BC: Marketing

1011 AD/DS/DF: Vitthal H Varia
CL: Aakar Mktg. & Engg.
BC: Marketing

1012 AD/DS/DF: Shantaram K
    Raut
CL: Mayureeka Collections
BC: Boutique

1013 AD/DS/DF: Vijay Mistry
CL: Chirag Matching Centre
BC: Cloth Dealers

1014 AD/DS/DF: Vijay Mistry
CL: S S Corpn.
BC: Marketing

1015 AD/DS/DF: Vitthal H Varia
CL: Timber Tech.
BC: Timber Merchant

1016 AD: N K Chanda
DS: Manoj Dutta
DF: Chanda Advtg.
CL: Ramjilal Ramsaroop
BC: Stockist

Trading, Marketing & Retailing

1017 AD/DS: Nitin C Champaneria
DF: Didi Graphics
CL: The Computer Shop
BC: Sales & Services

1018 AD: Avinash Naiksatam
DS: Deepa Sawant
DF: Avishkar Advtg. Services
CL: Creative Garments
BC: Export

1019 AD/DS: Sudarshan Dheer
DF: Graphic Communication
Concepts
CL: Teja Industries
BC: Marketing of Leather
Products

1020 DS: Vinod Tyagi
DF: Graphic Visuals &
Commn.
CL: Tracom Services
BC: Trading

1021 AD: Ajit S Chavan
DS: Raju D Bind
DF: Advertising Consultants
& Designers
CL: Bombay Tools Supplying
Agency
BC: Agency

1022 AD/DS: Panchal Pravin
DF: Panchal Pravin
Associates
CL: Rost Pack
BC: Exporters

1023 AD/DS/DF: Vijay Mistry
CL: Manhar Hardware Stores
BC: Paint Dealers

1024 AD/DS/DF: Vitthal H Varia
CL: Premchand Gokaldas
BC: Marketing

1025 AD/DS: Suresh S Bapat
DF: Oasis Graphic Designers
CL: Indiana Sucro-Cess
BC: Trading

1026 AD/DS: Pradeep Powale
DF: Ad Counsel
CL: Daibo Exports
BC: Exporters

1027 AD/DS: Suresh S Bapat
DF: Oasis Graphic Designers
CL: M S Gujar & Co.
BC: Dealers

1028 Ad/DS: Raju Khulge
DF: Ila Communications
CL: Ameya Enterprises
BC: Distributors for
Polyurethene

1017

1018

1019

1020

1021

1022

1023

1024

1025

1026

1027

1028

1029 AD/DS: Shubhangi Samant
DF: Link Ads
CL: Sakura Exports
BC: Exporters

1030 DS: Raju Narkar
DF: Sista's
CL: Cordially Yours
BC: Gift Shop

1031 AD/DS: Sudarshan Dheer
DF: Graphic Communication
Concepts
CL: Saheli
BC: Fashion Shop

1032 AD/DS/DF: Nandan
Nagwekar
CL: Lagnadeep
BC: Saree Shop

1033 AD/DS: Vikas Gaitonde
CL: R Lehri International
BC: Export/Import

1034 AD/DS: Sekhar Kamath
DF: Advertising & Sales
Promotion Co.
CL: The State Trading Corpn.
BC: Export & Import

1035 AD/DS: Sudarshan Dheer
DF: Graphic Communication
Concepts
CL: Fortunof
BC: Boutique

1036 DS: Vinod Tyagi
DF: Graphic Visuals &
Commn.
CL: Laser Agencies
BC: Trading

1037 AD/DS: D K Madhu Kumar
DF: Signet Designs
CL: Textile Imports
BC: Importers of Textiles

Trading, Marketing & Retailing

1038 AD/DS: N Ghoshal
DF: Contour Advtg.
CL: Duphar Interfran
BC: Marketing of Consumer
Products

1039 AD/DS: Sudarshan Dheer
DF: Graphic Communication
Concepts
CL: Global Trading
BC: Trading

1040 AD: Urshila Kerkar/Dhun
Cordo
DS: Hemant Shirodkar
DF: Sneh Sadan Graphic
Services
CL: Cascades
BC: Fashion Boutique

1041 AD/DS/DF: Vijay Mistry
CL: Jay's Taylor
BC: Gent's Tailor

1042 AD/DS/DF: Aay's Advtg.
CL: Kohinoor
BC: Cloth Shop

1043 AD/DS: Panchal Pravin
DF: Panchal Pravin
Associates
CL: Viki Collection
BC: Fashion Shop

1044 AD/DS: Raju Khulge
DF: Ila Communications
CL: Fashion
BC: Departmental Stores

1045 AD/DS: Archana Patel
DF: Corporate Image
CL: Scotts Wines
BC: Distributors

1046 AD/DS: Sudarshan Dheer
DF: Graphic Communication
Concepts
CL: Hilton
BC: Fashion Shop

1047 AD/DS/DF: Achyut Palav
CL: Memsaab
BC: Boutique

1038

1039

1040   1041   1042

1043   1044   1045

1046   1047

1048

1049

1050

1051

1052

1053

1054

1055

1056

1057

1058

1059

1048 DS/DF: Ratan Batra
CL: Delair India
BC: Refrigeration

1049 AD: Vijay Parekh
DS: Ramesh Patel
DF: Print Media
CL: Desai Distributors
BC: Pharmaceutical
Distributors

1050 AD/DS: E A Kitabi
DF: Kitasu Advtg. Services
CL: India Fashions
BC: Exporters

1051 AD/DS: Shyam Arote
DF: Adart
CL: Rangoli Saree &
Matching
BC: Boutique

1052 AD/DS/DF: Nandan
Nagwekar
CL: Apurva Enterprises
BC: Export & Import

1053 AD/DS: Vijay R Mahamuni
DF: Comarts
CL: Arguss Mktg.
BC: Industrial Marketing

1054 AD/DS: Nandkishor G
Mankar
DF: Gajasha Agency
CL: Anil Tools
BC: Dealers

1055 AD/DS: Sudarshan Dheer
DF: Graphic Communication
Concepts
CL: Ross Morarka & Co.
BC: Marketing

1056 AD: N Ghoshal
DS: Abhay Shivalkar
DF: Contour Advtg.
CL: R K Millen & Co.
BC: Trading & Exports

1057 DS: Vinod Tyagi
DF: Graphic Visuals &
Commn.
CL: Ajay Business
Concessions
BC: Trading

1058 AD/DS: Paras Bhansali
DF: Graphicaids
CL: K S Durlabhji
BC: Trading

1059 AD/DS: Nitin C Champaneria
DF: Didi Graphics
CL: Saree & Matching Shop
BC: Sales

1060 AD/DS: M Swaminathan
DF: OBM
CL: Empire Industries
BC: Marketing

1061 AD/DS: Mohan R Raorane
DF: Wyadh Graphic
   Designers
CL: Awin Corpn.
BC: Export & Import

1062 AD/DS: Sudarshan Dheer
DF: Graphic Communication
   Concepts
CL: Lusob Internationals
BC: Trading

1063 AD/DS/DF: Vitthal H Varia
CL: Patdi Brothers
BC: Distributors

1064 AD/DS: S G Gurav
DF: Om Creation
CL: Seeker Fashions
BC: Exporters of Readymade
   Garments

1065 AD/DS: M A Pathan
DF: Advertising & Mktg.
   Associates
CL: Telemechanic Industries
BC: Electrical Dealers

1066 AD: Shashi Bhomavat
DF: Shashi Advtg.
CL: Quantum Exports
BC: Export

1067 AD/DS: Shekhar Ahuja
DF: Shade
CL: Chinar Trust
BC: Marketing Home
   Appliances

1068 AD/DS: Sudarshan Dheer
DF: Graphic Communication
   Concepts
CL: Style Asia
BC: Marketing of Watches

1069 DS: Suchit Gadakari
DF: Sankalpana Design
   Services
CL: Global Exports
BC: Export

1070 AD: Irfan A M R
DS: Kairavi Ahmed
DF: Quod Advtg. & Graphic
   Design
CL: Ang Raag
BC: Boutique

1071 AD/DS: Vijay Parekh
DF: Print Media
CL: Collection
BC: Boutique

1060

1061

1062

1063

1064

1065

1066

1067

1068

1069

1070

1071

WORLD TRADE CENTRE

1072

1073

1074

1075

1076

1077

1078

1079

1080

1072 AD/DS: Sudarshan Dheer
DF: Graphic Communication
Concepts
CL: World Trade Centre
BC: Exchange of Trade

1073 DS: Shashikant Shirsekar
DF: Shabdaroop
CL: Sun Exports
BC: Export & Import

1074 DS: Shashank Parekh
DF: Innovators
CL: Majasvi Exports &
Imports
BC: Export & Import

1075 AD/DS: Tilak Raj Seth
DF: Studio A to Z
CL: Avani Enterprises
BC: Export & Import

1076 AD/DS: D K Madhu Kumar
DF: Signet Designs
CL: Sridevi Exports
BC: Exporters

1077 DS: Naik Sanjaykumar
CL: Rushnaiwala Agencies
BC: Leather Dealer

1078 AD: R K Joshi
DS: Rauth S K
DF: Ulka Advtg.
CL: Bombay Burma Trading
Corpn.
BC: Trading

1079 AD/DS: Nitin C Champaneria
DF: Didi Graphics
CL: Libas Ghar
BC: Readymade Garments
Sale

1080 AD/DS/DF: Pradeep Powale
CL: Patel Electric Stores
BC: Electronic Stores

1081 AD/DS: R K Joshi
      DF: Ulka Advtg.
      CL: Expo Mktg.
      BC: Exporters

1082 AD: N Ghoshal
      DS: Abhay Shivalkar
      DF: Contour Advtg.
      CL: R Chakraborty & Sons
      BC: Iron & Steel Traders

1083 AD/DS: Sharad Bhalerao
      DF: Prezens Advtg.
      CL: Four Walls Mktg.
      BC: Marketing

1084 AD/DS: Sudarshan Dheer
      DF: Graphic Communication
           Concepts
      CL: Sarex Overseas
      BC: Exporters

1085 AD: N Ghoshal
      DS: Madhukar Doiphode
      DF: Contour Advtg.
      CL: Blow Plast
      BC: Marketing of
           Moulded/Soft Luggage

1086 AD: Bharat Chavan
      DF: We Graphic Designers
      CL: Uttam Galva Steels
      BC: Steel Shearing & Dealers

1087 AD/DS: Sudarshan Dheer
      DF: Graphic Communication
           Concepts
      CL: Bombay Market
      BC: Marketing of Textiles

1088 AD/DS: Pravin Sevak
      DF: NID
      CL: Controller & Auditor
           General of India
      BC: Auditor

1089 AD/DS: Padam B Thapa
      DF: Adknack Advtg.
      CL: Printo Graphics
      BC: Printing Equipment
           Dealers

1081

1082

1083

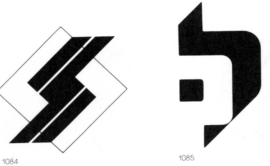

1084

1086

1085

1087

1088

1089

1090

1091

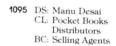

1092

1093

1094

1095

1096

1097

1098

1099

1100

1101

Trading, Marketing & Retailing

1090 AD/DS: Ajit S Chavan
DF: Advertising Consultants & Designers
CL: Reliance Sales
BC: Indenting Agents

1091 AD/DS: Manohar Lanjekar
DF: Alfred Allan Advtg.
CL: Eastman Industries
BC: Exporters

1092 AD/DS: Raju Khulge
DF: Ila Communications
CL: Deep Mktg. Co.
BC: Marketing

1093 AD/DS: V K Bhoeer
DF: Sarv Arts
CL: Kapex-Importers & Exporters
BC: Export & Import

1094 AD: Vijay Parekh
DS: Bina Parekh
DF: Print Media
CL: Shanti Stores
BC: Cloth Stores

1095 DS: Manu Desai
CL: Pocket Books Distributors
BC: Selling Agents

1096 AD/DS: Vivek Hemant Bhurke
DS: Latika Ad - Print
CL: Eastern Exim Co.
BC: Import & Export

1097 DS: Satish Raut
DF: Eidos Design Consultants
CL: Puja Exporters
BC: Exporters

1098 AD/DS: Panchal Pravin
DF: Panchal Pravin Associates
CL: Andi Vass & Fils
BC: Exporters

1099 AD/DS: Prakash Patil
DF: Graphic Synthesis
CL: Peacock Photo
BC: Commercial Sales

1100 DS: Vinod Tyagi
DF: Graphic Visuals & Commn.
CL: K R Modi International
BC: Export of Leather Products

1101 DS: Vivek Hemant Bhurke
CL: Keymo Enterprises
BC: Marketing

Trading, Marketing & Retailing

1102 AD: Urshila Kerkar/Dhun Cordo
DS: Hemant Shirodkar
DF: Sneh Sadan Graphic Services
CL: Silkworm
BC: Fashion Boutique

1103 AD/DS: Sudarshan Dheer
DF: Graphic Communication Concepts
CL: Orchids
BC: Embroidery Boutique

1104 AD/DS: Vijay Nyalpelly
DF: Studio 21
CL: Captain
BC: Tailoring Boutique

1105 DS: Vinod Tyagi
DF: Graphic Visuals & Commn.
CL: Sensuelle
BC: Boutique

1106 AD/DS: R S Agrawal
DF: Impact Creative Services
CL: Parichaya
BC: Cloth Shop

1107 AD/DS: Archana Patel
DF: Corporate Image
CL: Scotts Chemists & Wines
BC: Store/Shop

1108 AD/DS: N Ghoshal
DF: Contour Advtg.
CL: Matrix Mktg.
BC: Marketing of Home Appliances

1109 AD: Sunil Joshi
DS: Ranjana Joshi
DF: Circulus: The Graphic People
CL: Entrac
BC: Importers of Tractors

1110 AD/DS: Pravin Sevak
DF: NID
CL: NERAMAC
BC: Marketing

1111 AD/DS: Nandu Bhavsar
DF: Maadhyam
CL: Kunden Saree Shoppe
BC: Boutique

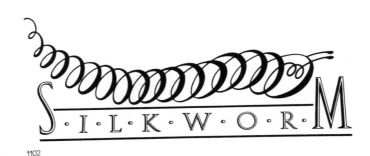

1102

1103

1104

1105

1106

1107

1108

1109

1110

1111

114

1112

1113

1114

1115

1116

1117

1118

1119

1120

1121

1122

1112 DS: Vinod Tyagi
DF: Graphic Visuals & Commn.
CL: Woolcot Garments
BC: Garment Export

1113 AD: M A Pathan
DS: Ravindra Ingle
DF: Advertising & Mktg. Associates
CL: BICS
BC: Trading

1114 AD/DS: Nandu Bhavsar
DF: Maadhyam
CL: Rangoli Saree
BC: Fashion Shop

1115 AD: Satish Kaku
DF: Chirag Graphics
CL: West End Mktg. Association
BC: Marketing

1116 AD/DS: Nandu Bhavsar
DF: Maadhyam
CL: Kunden Saree Shoppe
BC: Boutique

1117 AD: Urshila Kerkar/Dhun Cordo
DS: Hemant Shirodkar
DF: Sneh Sadan Graphic Services
CL: Alleycat
BC: Fashion Boutique

1118 AD/DS: Yeshwant Chaudhary
DF: Communica/Corporate Communications
CL: Welfair Mktg.
BC: Marketing

1119 AD/DS: Rajesh Modi
CL: NGG International
BC: Marketing

1120 AD: Chirag Shodhan
DS: A Gohil
DF: Adscan
CL: Span Mktg.
BC: Trading

1121 AD/DS: Radhi Parekh
CL: Khazana
BC: Leather & Crafts Boutique

1122 AD: Prakash Hansraj
DS: Jyoti Dubhashi
DF: PH Advtg.
CL: Bada Saab
BC: Custom Clothier

Trading, Marketing & Retailing

1123 DS: Tushar Chandrakant
Joshi
DF: Kirti Advertisers
CL: Sanket Agencies &
Distributors
BC: Dealers of Consumer
Items

1124 AD/DS: Sudarhsan Dheer
DF: Graphic Communication
Concepts
CL: Ankur
BC: Boutique

1125 AD: Roby D'silva
DS: Lancy D'silva/Donald
D'silva
DF: Desilva Associates
CL: Massvic International
BC: Exporters

1126 AD/DS: Yeshwant Chaudhary
DF: Communica/Corporate
Communications
CL: Mohan Textile Enterprise
BC: Marketing of Textiles

1127 AD/DS: Ajit Lotlikar
DF: Disha Advtg. Services
CL: Front Line Mktg.
Services
BC: Marketing

1128 DS: Vinod Tyagi
DF: Graphic Visuals &
Commn.
CL: Paras Exims
BC: Exporters of Leather
Jewellery

1129 AD/DS: Sudarshan Dheer
DF: Graphic Communication
Concepts
CL: Good Value Mktg.
BC: Marketing

1130 AD: Harish Shah
DS: Indravadan Bhatt
DF: International Publicity
Bureau
CL: Ganguli Associates
BC: Trading

1131 AD: Manohar Mahajan
CL: Modern Electronics
BC: Marketing of Electronic
Products

1132 AD/DS: Sudarshan Dheer
DF: Graphic Communication
Concepts
CL: Good Value Mktg.
BC: Marketing

1133 AD/DS: D K Madhu Kumar
DF: Signet Designs
CL: Taiwan Textile Trading
BC: Trading

1134 AD/DS: Mohan R Raorane
DF: Wyadh Graphic
Designers
CL: Shasha Trading
Association
BC: Tea Trading

1123

1124

1125

1126

1127

1128

1129

1130

1131

1132

1133

1134

116

1135   AD/DS: Pramod Hardikar
DF: Shravan Arts
CL: Chanakya International
CL: Exporters of Readymade
     Garments

1136   AD/DS: Hemant Shinde
DF: Hemgiri
CL: Poshak
BC: Boutique

1137   AD: Raju Khulge
DS: Raju Khulge/M Parab
DF: Ila Communications
CL: Stepin
BC: Footwear Stores

1138   DS: Suchit Gadakari
DF: Sankalpana Design
     Services
CL: Prografik
BC: Agency

1139   AD/DS: Irfan A M R
DF: Scorpio Matrix
CL: Elibee Exports
BC: Exports

1140   AD/DS: Jaykumar Limbad
DF: Plus Graphics
CL: Gunjan
BC: Dealers in Cassettes &
     Records

1141   AD: Vijay Parekh
DS: Ramesh Patel
DF: Print Media
CL: Vandana Selection
BC: Boutique

Financial Institutions
& Consultants

1142 DS/DF: NID
CL: State Bank
BC: Banking

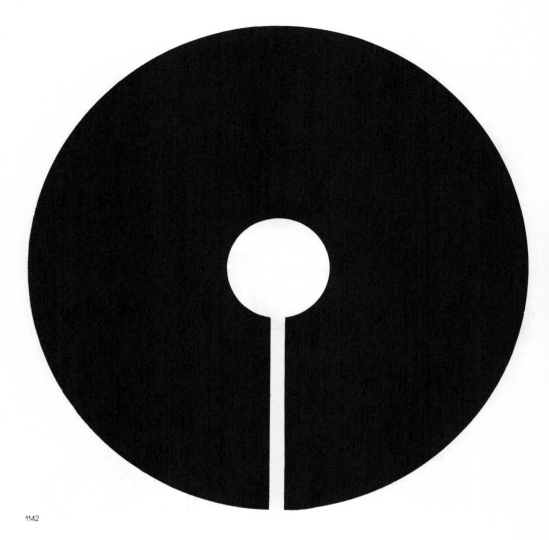

1142

1143

1144

1145

1146

1147

1148

1149

1150

1151

1152

1153

1154

Financial Institutions & Consultants

1143 DS: Neeta Verma
DF: NID
CL: Gandhi Labour Institute
BC: Research & Labour
Management

1144 AD: Cynthia White
DF: Sai Advertisers
CL: Littlemore Services
BC: Investigators

1145 AD/DS: Vijay R Mahamuni
DF: Comarts
CL: Arya Consultants
BC: Marketing Consultancy

1146 AD/DS: Sudarshan Dheer
DF: Graphic Communication
Concepts
CL: SHCIL
BC: Stock Trading

1147 AD/DS: Yeshwant Chaudhary
DF: Communica/Corporate
Communications
CL: ICICI
BC: Industrial Banking

1148 AD/DS: Neville D'souza
DF: OBM
CL: Hindustan Cocoa
Products
BC: Advisory Service

1149 DS: Abhay Kothari
DF: Abhay Kothari
Communications
CL: IDBI
BC: Development Banking

1150 AD/DS: Yeshwant Chaudhary
DF: Communica/Corporate
Communications
CL: Co-operative Bank
BC: Industrial Banking

1151 AD/DS: Yeshwant Chaudhary
DF: Communica/Corporate
Communications
CL: Central Bank of India
BC: Banking

1152 AD/DS: D K Madhu Kumar
DF: Signet Designs
CL: Surajmal Housing
Finance
BC: Banking

1153 AD/DS: Sanjay Daiv
DF: Climax
CL: Sangli Bank
BC: Banking

1154 AD/DS/DF: Shantaram K
Raut
CL: Saraswat Co-operative
Bank
BC: Banking

119

Financial Institutions & Consultants

1155 AD: Nipesh Sen
DS: Harish Raccha
DF: Adroit Advtg. & Mktg.
CL: Unit Trust
BC: Mutual Funds

1156 AD/DS: V K Bhoer
DF: Sarv Arts
CL: Infrastructure Leasing &
Financial Services
BC: Financial Services

1157 AD/DS: Yeshwant Chaudhary
DF: Communica/Corporate
Communications
CL: Operation Research
Group
BC: Market Research

1158 AD/DS: Naranbhai Patel
DF: NID
CL: NABARD
BC: Banking

1159 DS: Sujit Patwardhan
DF: Mudra
CL: Vidya Sahakari Bank
BC: Banking

1160 AD/DS: Viru Hiremath
DF: Vartul
CL: Applied Technologies
BC: Consultants

1161 AD/DS: Shailesh Modi
DF: Kruti Communication
CL: The Gujarat State
Lotteries
BC: State Lotteries

1162 AD/DS: D G Patil
DF: Sharpline Advertisers
CL: Saraf Leasing
BC: Leasing

1163 AD/DS: R K Joshi
DF: Ulka Advtg.
CL: Punjab National Bank
BC: Banking

1155

1156

1157

1158

1159

1160

1161

1162

1163

1164

1165

1166

1167

1168

1169

1170

1171

1172

1173

1174

1175

1164 AD: Dara N Ichhaporia
DS: Parveen G Mayekar
DF: Dara Designing Concepts
CL: Niku Investment &
Leasing
BC: Sharebroker & Financier

1165 DS: Tushar Chandrakant
Joshi
DF: Kirti Advertisers
CL: Law Industries Finance
BC: Consultants

1166 AD/DS: E Rohini Kumar
DF: GDC Creative Advtg.
CL: Encon Associates
BC: Management
Consultants

1167 DS: S P Lokhande
CL: Sangli Bank
BC: Banking

1168 DS: Cynthia White
DF: Sai Advertisers
CL: Littlemore Services
BC: Investigators

1169 DS: Satyajit P Saraf
CL: Channel Mktg. Services
BC: Marketing Consultants

1170 AD/DS: Manu Gajjar
DF: NID
CL: Co-operative Bank of
Ahmedabad
BC: Banking

1171 AD: Vijay Parekh
DS: Bina Parekh
DF: Print Media
CL: Surat Commercial Corpn.
BC: Share & Stock Broker

1172 AD/DS/DF: Vasant Telgote
CL: Zorin Investments
BC: Investments

1173 CL: LIC
BC: Life Insurance

1174 AD/DS: V K Bhoeer
DF: Sarv Arts
CL: Infrastructure Leasing &
Financial Services
BC: Leasing & Financial
Services

1175 AD/DS: Sudarshan Dheer
DF: Graphic Communication
Concepts
CL: Public Sector Banks
BC: Financial Institutions

1176 AD/DS: Yeshwant Chaudhary
DF: Communica/Corporate
Communications
CL: HDFC
BC: Housing Finance

1177 AD/DS: Viru Hiremath
DF: Vartul
CL: The Credit Rating
Information Services of
India
BC: Financial Rating

1178 AD/DS: HTA - Creative Team
DF: HTA
CL: GIC
BC: Medical Insurance
Scheme

1179 AD/DS: Sudarshan Dheer
DF: Graphic Communication
Concepts
CL: Investrade
BC: Financial Consultants

1180 AD: Vikas Satavleker
DS: Vitthal H Varia
DF: NID
CL: ARDC
BC: Finance

1181 AD/DS: Sudarshan Dheer
DF: Graphic Communication
Concepts
CL: J B Advani
BC: Marketing

1182 AD/DS: Yeshwant Chaudhary
DF: Communica Corporate
Communications
CL: HDFC
BC: Housing Finance

1183 AD/DS: Yeshwant Chaudhary
DF: Communica/Corporate
Communications
CL: Gujarat Rural Housing
Finance Corpn.
BC: Rural Housing Finance

1176

1177

1178

1179

1180

1181

1182

1183

1184

1186

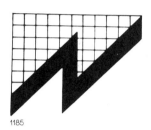

1185

1184 AD/DS: Yeshwant Chaudhary
DF: Communica/Corporate
     Communications
CL: Industrial Management
     Consultancy & Services
BC: Financial & Industrial
     Management

1185 AD/DS/DF: Chelna Desai
CL: Value Line Consultancy
BC: Financial Rating

1186 AD/DS: Viru Hiremath
DF: Vartul
CL: The Credit Rating
     Information Services of
     India
BC: Financial Rating

1187 DS: Jaywant H Desai
DF: Imageads
CL: EXIM Bank
BC: Financial Institution

1188 AD: Chandu Shetye
DS: Rajesh Naik
DF: Salesprom Advtg.
CL: Marc Services
BC: Marketing Consultants

1189 AD: Vikas Satavaleker
DS: Vitthal H Varia
DF: NID
CL: Gujarat State
     Co-operative Bank
BC: Banking

1190 AD/DS: Panchal Pravin
DF: Panchal Pravin
     Associates
CL: Upendra Dalal & Co.
BC: Share & Finance Brokers

1191 AD: Chandu Shetye
DS: Uday Trailokya
DF: Salesprom Advtg.
CL: Empire Finance Co.
BC: Financing

1192 AD/DS: S M Shah
DF: NID
CL: GIC
BC: Insurance

1187

1188

1189

1190

1191

1192

1193 AD/DS: Radhi Parekh
DF: Ruth Leonard Design
CL: International Centre
BC: Executive Service Centre

1194 AD: Satish Kaku
DF: Chirag Graphics
CL: Indmark
BC: Marketing Consultants

1195 AD: Bhaskar Desai
DS: Jyotsana Gujarathi
DF: Prachaar
CL: Growth Management
Services
BC: Management
Consultancy

1196 AD/DS: Jaykumar Limbad
DF: Plus Graphics
CL: Vision Mktg. Services
BC: Market Research

1197 AD/DS: Anand G Panchal
DF: Form 1
CL: Saya Housing Finance
Co.
BC: Housing Finance

1198 AD/DS: Shirish R. Pandya
DF: Shirish Advertisers
CL: OP-Research
Consultants
BC: Consultancy Service

1199 AD: Rupande Kaku
DF: Chirag Graphics
CL: Bond Protection
BC: Financial Security

1200 AD/DS: S K Mohanty
DF: Dott Advtg.
CL: Industrial Consultancy
Services
BC: Consultancy

1201 DS: Anil Telang
CL: Shree Management
Services
BC: Placement Services

1202 AD/DS: Anand G Panchal
DF: Form I
CL: Sahyog Co-operative
Bank
BC: Banking

1203 AD/DS: R S Agrawal
DF: Impact Creative Services
CL: Gopinath Puranchand
Dalal
BC: Brokers

1193

1194

1195

1196

1197

1198

1199

1200

1201

1202

1203

124

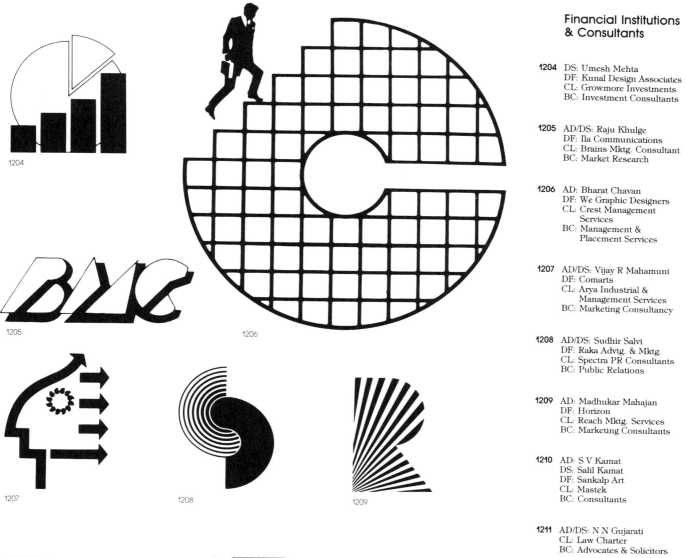

1204

1205

1206

1207

1208

1209

1210

1211

1212

1204 DS: Umesh Mehta
DF: Kunal Design Associates
CL: Growmore Investments
BC: Investment Consultants

1205 AD/DS: Raju Khulge
DF: Ila Communications
CL: Brains Mktg. Consultant
BC: Market Research

1206 AD: Bharat Chavan
DF: We Graphic Designers
CL: Crest Management
Services
BC: Management &
Placement Services

1207 AD/DS: Vijay R Mahamuni
DF: Comarts
CL: Arya Industrial &
Management Services
BC: Marketing Consultancy

1208 AD/DS: Sudhir Salvi
DF: Raka Advtg. & Mktg.
CL: Spectra PR Consultants
BC: Public Relations

1209 AD: Madhukar Mahajan
DF: Horizon
CL: Reach Mktg. Services
BC: Marketing Consultants

1210 AD: S V Kamat
DS: Salil Kamat
DF: Sankalp Art
CL: Mastek
BC: Consultants

1211 AD/DS: N N Gujarati
CL: Law Charter
BC: Advocates & Solicitors

1212 AD: Chandu Shetye
DS: Rajesh Naik
DF: Salesprom Advtg.
CL: NPS Instrumentation
BC: Instrumentation
Consultants

1213 AD: R K Joshi
     DS: Arvind Padave
     DF: Ulka Advtg.
     CL: Steel Authority of India
     BC: Steel

1213

1214

1215

1216

1217

1218

1219

1220

1221

1222

1223

1224

1225

1214 AD/DS: N N Gujarati
DF: Larsen & Toubro Advtg.
Dept.
CL: Audco India
BC: Industrial Valves

1215 AD/DS: Kirit Chonkar
DF: Chonkar Associates
CL: Cobit Engineering
BC: Scaffolding & Conveyors

1216 AD/DS: Jaykumar Limbad
DF: Plus Graphics
CL: Swastik Tiles
BC: Tiles

1217 AD/DS: Suresh S Bapat
DF: Oasis Graphic Designers
CL: Solid State Switchgears
BC: Switchgears

1218 AD/DS: Avinash Naiksatam
DF: Avishkar Advtg. Services
CL: Texanlab
BC: Testing Laboratory for
Textiles

1219 AD: V Surendra Gupta
DS: P P Raju
DF: Marketing Consultants &
Agencies
CL: N G E F
BC: Transformers

1220 AD: Avinash Naiksatam
DS: Deepa Sawant
DF: Avishkar Advtg. Services
CL: Exomet
BC: HDP Pipes

1221 AD: V Surendra Gupta
DS: P P Raju
DF: Marketing Consultants &
Agencies
CL: N G E F
BC: Switchgears

1222 AD: N K Chanda
DS: Sankar Mukherjee
DF: Chanda Advtg.
CL: Ganges Tube
BC: Pipes

1223 AD/DS: R K Joshi
DF: Ulka Advtg.
CL: Mukund Iron & Steel
BC: Steel

1224 DS: M R Brahmarakshas
DF: S I S I
CL: Wox Coolers
BC: Coolers

1225 AD/DS: N D Wakhre
DF: Wakhre Advtg.
CL: Hind Engg. & Machinery
BC: Sales & Service

1226 AD/DS: Shirish R Pandya
      DF: Shirish Advertisers
      CL: Pnue Tools
      BC: Pneumetic Toolspares

1227 AD/DS: Suresh S Bapat
      DF: Oasis Graphic Designers
      CL: Span Controls
      BC: Process Control
          Equipment

1228 AD/DS: Raju Khulge
      DF: Ila Communications
      CL: Art Rubber Industries
      BC: Rubber Tubes

1229 AD/DS: Roby D'silva
      DF: Desilva Associates
      CL: Spavyn (India)
      BC: Packaging Material

1230 AD/DS/DF: Vitthal H Varia
      CL: Master Cote
      BC: Paper

1231 AD/DS: Panchal Pravin
      DF: Panchal Pravin
          Associates
      CL: Infire
      BC: Fire Hydrants &
          Sprinklers

1232 AD/DS: Yeshwant Chaudhary
      DF:Communica/Corporate
         Communications
      CL: Fabrican Stationery
          Industry
      BC: Stationery

1233 AD: Rita Gupta
      DS: Pavan Gupta
      DF: Payals Perfection
      CL: Rashtriya Metal
          Industries
      BC: Copper Coils & Strips

1234 AD/DS: Kirit Chonkar
      DF: Chonkar Associates
      CL: Gupte Composite &
          Tubes
      BC: Paper Tubes

1235 DS: Nandakishor Kamat
      DF: Shadowplay
      CL: Swati Power
          Transmission
      BC: Speed Pullies

1236 AD/DS: Sudarshan Dheer
      DF: Graphic Communication
          Concepts
      CL: Scitech Centre
      BC: Research & Development

1237 DS: Dilip Tripathi
      DF: Ratan Batra
      CL: Vanaspati Oilseeds R & D
          Institute
      BC: Research on Oil Seeds

1226

1227

1228

1229

1230

1231

1232

1233

1234

1235

1236

1237

1238

1239

1240

1241

1242

1243

1244

1245

1246

1238 AD/DS: Sudarshan Dheer
DF: Graphic Communication
   Concepts
CL: Maharashtra Sugar
   Industry
BC: Sugar & Liquor

1239 DS: Naik Sanjaykumar
CL: Shri Vivek Textile
BC: Textile Processing

1240 AD/DS: Viru Hiremath
DF: Vartul
CL: Fibre Foils
BC: Packaging

1241 AD/DS: Pavan Gupta
DF: Payal's Programme
CL: Apex Industries
BC: Machine & Bench Vice

1242 AD/DS: R K Joshi
DS: Kuldip Singh
DF: Ulka Advtg.
CL: Canara Rubber
BC: Rubber

1243 AD/DS: Pramod Hardikar
DF: Shravan Arts
CL: Mandhana Textile Mills
BC: Textiles

1244 AD/DS/DF: Pradeep Powale
CL: Ceepee Industries
BC: Machine Tools

1245 AD/DS: Pradeep Choksi
CL: Maharashtra Textile
   Corpn.
BC: Textiles

1246 AD/DS/DF: Panna Jain
CL: Grindwel
BC: Grinding Wheel

1247 AD/DS: Shekhar Pitale
DF: Sista's
CL: Photophone Industries
India
BC: Photographic Materials

1248 AD/DS: Pravin Sevak
DF: NID
CL: Gujarat Industrial R & D
Agency
BC: Industrial Research &
Development

1249 AD/DS: Pravin C Hatkar
DF: Reflex Advtg.
CL: Michael Margo
BC: Sealux Tape

1250 AD/DS: Ashok K Sood
DF: Design Workshop
CL: Plastcone
BC: Textile

1251 AD: Rana Prajapati
DS: Srikanth
DF: Marketing Consultants &
Agencies
CL: National Textile Corpn.
BC: Textiles & Yarn

1252 AD/DS/DF: Satish Ganpat
Pote
CL: Ceasar Mascots
Technovations
BC: Laboratory Products

1253 AD/DS: Ashoka Jha
DF: Mark Makers
CL: Steeline
BC: Pressed Steel Products

1254 AD: Prakash Hansraj
DS: Satish Nair
DF: PH Advtg.
CL: Co-Nick Alloys (India)
BC: Steel & Rod

1255 AD/DS: Yeshwant Chaudhary
DF: Communica/Corporate
Communications
CL: OOZR Industries
BC: Electrical Fuses

1256 AD: Chirag Shodhan
DS: A Gohil & P Varia
DF: Adscan
CL: Purifair
BC: Dry Air Compressors

1247   1248   1249

1250   1251   1252

1253   1254

1255   1256

1257 AD/DS: Yeshwant Chaudhary
DF: Communica/Corporate
Communications
CL: Ceat Tyres
BC: Car Tyre

1258 AD/DS: Raza Modak
DF: Chaitra Advtg. Services
CL: Amforge Industries
BC: Metal Forging

1259 AD/DS: Manu Gajjar
DF: NID
CL: Bharat Earth Movers
BC: Earth Moving
Equipments

1260 AD/DS: IAS Creative Team
DF: Implement Advtg.
Services
CL: Neutron Electronics
Systems
BC: Electronics

1261 AD/DS: Gita Bhalla
DF: Headstart Advtg.
CL: Escorts
BC: Motor Cycles

1262 DS: Neeta Verma
DF: NID
CL: Tata Energy Research
Institute
BC: Research Foundation

1263 AD: Dolly Biswas
DS: Archana Patel
DF: Corporate Image
CL: SAI
BC: Ship Building

1264 AD/DS: Yeshwant Chaudhary
DF: Communica/Corporate
Communications
CL: Sarabhai Research
Centre
BC: Chemical & Clinical
Research

1265 AD/DS: Sudhakar Khambekar
CL: Josh Fire Fighting
Equipments
BC: Fire Alarm &
Extinguishing System

1266 AD/DS: Anand Joglekar
DF: Pratibha Advtg.
CL: Ghatge Patil Co.
BC: Mopeds

1267 AD/DS: Sudarshan Dheer
DF: Graphic Communication
Concepts
CL: Ballarpur Industries
BC: Industrial Group

Industries, Corporate Groups, Govt. & Public Bodies

1268 AD/DS: Sudarshan Dheer
DF: Graphic Communication
Concepts
CL: Mukand Ltd.
BC: Steel

1269 AD/DS: J P Irani
CL: Parksons Printers
BC: Playing Cards

1270 DS: Tushar Chandrakant Joshi
DF: Kirti Advertisers
CL: Anand Tools &
Equipments
BC: Industrial Precision
Components

1271 DS: Manu Desai
CL: Chemicoat
BC: Chemically Treated
Papers

1272 AD: Vikas Satwalkar
DS: Amit Kharshani
DF: NID
CL: Gas Authority of India
BC: Production &
Distribution of Gas

1273 AD/DS/DF: Vasant Telgote
CL: Industrial Dispersion
BC: Industrial Adhesives

1274 AD/DS/DF: Panna Jain
CL: Reliance Textile
BC: Textiles

1275 AD/DS: Ashok K Sood
DF: Design Workshop
CL: Crown Watch Co.
BC: Watches

1276 AD/DS: Vijay Mistry
CL: Perfet Wood
BC: Wooden Cover
Mouldings

1268

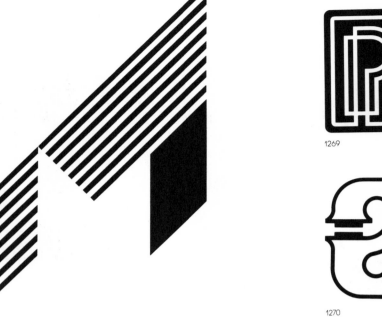
1269

1270

1271

1272

1273

1274

1275

1276

132

1277

1278

1279

1280

1281

1282

ACROPLAST

1283

1284

1285

1286

1287

1288

1277 AD/DS: Prakash Kawle
DF: Sakar Communications
CL: Bedse Pulp Conversion
BC: Industrial

1278 DS: Suchit Gadakari
DF: Sankalpana Design
Services
CL: Fine Packaging
Industries
BC: Corrugated Boxes

1279 AD/DS: Srirup Guha
Thakurta
DF: HTA
CL: RPG Enterprises
BC: Engineering

1280 AD/DS: Ravi Varma
DF: Four Winds Advtg.
CL: Windmach Sports
Accessories
BC: Carbon Fibre Composite
Tennis Racquets

1281 AD/DS: R K Joshi
DF: Ulka Advtg.
CL: Simplex
BC: Textile Mill

1282 AD/DS: Alka Deswandikar
DF: Reflecto
CL: Yashashree Plastics
BC: Plastics & Bakelite
Moulds

1283 DS: Naik Sanjaykumar
CL: Space Application Centre
BC: Space Research

1284 AD/DS: R S Agrawal
DF: Impact Creative Services
CL: Acroplast
BC: Moulded TV Cabinets

1285 AD: Shashi Bhomavat
DF: Shashis Advtg.
CL: Annapurna Textiles
BC: Spinning & Weaving

1286 AD/DS: R K Joshi
DF: Ulka Advtg.
CL: Silk & Art Silk Mill
Association
BC: Art Silk & Silk

1287 AD: Vijay Parekh
DS: Bina Parekh
DF: Print Media
CL: Sahyadri Gears
BC: Gears

1288 AD/DS: D K Madhu Kumar
DF: Signet Designs
CL: Doshi Bearings
BC: Bearings

1289 AD/DS: Viru Hiremath
DF: Sobhagya
CL: Indian Rayon
BC: Rayon Yarn

1290 AD/DS: Sudhakar Khambekar
DF: Sobhagya Advtg.
CL: Hero Honda Motors
BC: Motorcycles

1291 AD: Bharat Chavan
DF: We Graphic Designers
CL: Alpha Motor Co.
BC: Automobiles

1292 AD: N Ghoshal
DS: Abhay Shivalkar
DF: Contour Advtg.
CL: Spencon Filtration
BC: Filter Papers

1293 AD/DS: Sudarshan Dheer
DF: Graphic Communication
Concepts
CL: Oriental Synthetic &
Rayon Mills
BC: Textiles

1294 AD/DS: Nitin C Champaneria
DF: Didi Graphics
CL: Powerpack Commutators
BC: Commutators

1295 AD/DS: Vijay Parekh
DF: Print Media
CL: Vakharia Valkal
BC: Textiles

1296 AD/DS: S M Shah
DF: NID
CL: Kerala State Handloom
Development Corpn.
BC: Handloom

1297 AD/DS: Anand Joglekar
DF: Pratibha Advtg.
CL: Wardhman Automotive
Electricals
BC: Automotive Electricals

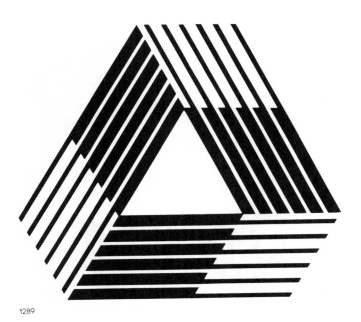

1289

1290

1291

1292

1293

1294

1295

1296

1297

1298

1299

1300

1301

1302   1303

1304

1305

1306

1298   AD/DS: Shekhar Pitale
       DF: Sista's
       CL: Photophone Industries
       BC: Photographic Equipment

1299   AD/DS: M Swaminathan
       DF: OBM
       CL: Pidilite Industries
       BC: Adhesives

1300   DS: Rita Braganza
       DF: Rita Graphics
       CL: Brawn Equipments
       BC: Sports Equipments

1301   AD/DS: Smita Patil
       DF: OBM
       CL: Pidilite Industries
       BC: Adhesives

1302   AD/DS: Alaka Khairmoday
       DF: Creative Unit
       CL: Ralliwolf
       BC: Motors

1303   AD/DS: M Swaminathan
       DF: OBM
       CL: Pidilite Industries
       BC: Adhesives

1304   DS: M R Pinto
       DF: Ratan Batra
       CL: Bhor Industries
       BC: Leather Cloth

1305   AD/DS/DF: Shantaram K
              Raut
       CL: Aum Enterprise
       BC: Printing Inks

1306   AD/DS: Sudarshan Dheer
       DF: Graphic Communication
              Concepts
       CL: Kalyani Brakes
       BC: Auto Brakes

1307 AD/DS: M A Pathan
     DF: Advertising & Mktg.
       Associates
     CL: Platinum Lab-Ware
     BC: Precious Metal

1308 AD: V Surendra Gupta
     DS: P P Raju
     DF: Marketing Consultants &
       Agencies
     CL: N G E F
     BC: Rotating Machines

1309 AD/DS: Manu Gajjar
     DF: NID
     CL: New Cotton Mills
     BC: Cotton Mills

1310 AD/DS: R S Agrawal
     DF: Impact Creative Services
     CL: Jaggi Medical
       Instruments Co.
     BC: Ophthalmic Instruments

1311 AD/DS: Ranjan De
     CL: Upaasana Engineering
     BC: Two Wheeler Spokes &
       Nipples

1312 AD/DS/DF: Nandan
       Nagwekar
     CL: Metal Semis Works
     BC: Casting & Fabricating

1313 AD/DS: Naranbhai Patel
     DF: NID
     CL: Nitex Hosiery
     BC: Textiles

1314 DS: Vivek Hemant Bhurke
     CL: L N Industries
     BC: Manufacturing of Cutlery

1315 AD: V Surendra Gupta
     DS: P P Raju
     DF: Marketing Consultants &
       Agencies
     CL: N G E F
     BC: Electronic Equipments

1316 AD/DS: Ajit S Chavan
     DF: Advtg. Consultants &
       Designers
     CL: Steel Furnace
       Association of India
     BC: Steel Furnace

1317 AD: Chirag Shodhan
     DS: N Mistry & P Varia
     DF: Adscan
     CL: Insat Heat Exchangers
     BC: Heat Exchangers

1318 AD/DS/DF: Nandan
       Nagwekar
     CL: United Technologies
     BC: Pharmaceutical Packing
       Machinery

1307

1308

1309

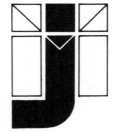

1310

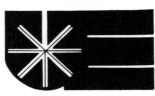

1311

1312

1313

1314

1315

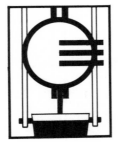

1316

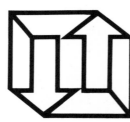

1317

1318

1319 AD/DS: Satish Deshpande
DF: S J Advtg. Services
CL: Nichrome Metal Works
BC: Packaging Machinery

1320 AD/DS: Yeshwant Chaudhary
DF: Communica/Corporate
Communications
CL: BARC
BC: Laser Research

1321 AD/DS: R K Joshi
DF: Ulka Advtg.
CL: Ceat Tyres
BC: Tyres

1322 AD/DS: Prabhakar Joshi
DF: Prabhansh Advtg.
CL: Eclipse
BC: Vertical/Vanishing Blinds

1323 AD/DS: Farzana
DF: Gra Graphic
CL: Flexo Plast Industries
BC: Plastic Moulding

1324 AD/DS: Aziz Mulla
DF: PH Advtg.
CL: Starline
BC: Autobuilders

1325 AD/DS: Gita Bhalla
DF: Headstart Advtg.
CL: Apollo Tyres
BC: Tyres

1326 AD/DS: Dutta Sawant
DF: OBM
CL: Flair Pen Co.
BC: Writing Equipments

1319

1320

1321

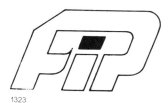

1322

1323

1324

1325

1326

1327 AD/DS: IAS Creative Team
     DF: Implement Advtg.
        Services
     CL: Unique Pen Industries
     BC: Pens & Ball Pens

1328 AD/DS: Shekhar Pitale
     DF: Sista's
     CL: Photophone Industries
        India
     BC: Photographic Materials

1329 AD/DS: Yeshwant Chaudhary
     DF: Communica/Corporate
        Communications
     CL: Technova Plate Making
        Systems
     BC: Graphic Technology
        Products & Chemicals

1330 DS: Satyajit P Saraf
     DF: Sista's
     CL: Polynova Industries
     BC: Synthetic Leather &
        Leather Products

1331 AD/DS: Viru Hiremath
     DF: MCM
     CL: J K Tyres
     BC: Tyres

1332 AD/DS: Sunil Mahadik
     DF: Sista's
     CL: Gujarat B D Luggage
     BC: Hard & Soft Luggage

1333 AD/DS: Viru Hiremath
     DF: Trikaya Grey
     CL: Bhor Industries
     BC: Leather Cloth

1334 AD/DS: Shekhar Pitale
     DF: Sista's
     CL: Photophone Industries
     BC: Photographic Materials

1327

1328

1329

1330

1331

1332

1333

1334

1335

1336

1337

1338

1339

1340

1341

1342

1343

Industries,
Corporate Groups,
Govt. & Public Bodies

1335 AD/DS: Yeshwant Chaudhary
DF: Communica/Corporate
Communications
CL: Technova Plate Making
Systems
BC: Graphic Technology
Product & Chemical

1336 AD/DS/DF: Shailesh Bhalani
CL: Executive Stationery
Products
BC: Ball Pen Refills & Pens

1337 AD/DS: Subrata Bhowmick
DF: Calico Design Centre
CL: Calico Mills
BC: Textiles

338 AD/DS: Vijay Parekh
DF: Print Media
CL: Kaveri
BC: Plastics & Polywave
Packagings

1339 DS: Arvind V Nagwekar
CL: Amsons Industries
BC: Slotted Angles

1340 AD/DS/DF: Shantaram K
Raut
CL: Aum Enterprise
BC: Printing Inks

1341 DS: Nandakishor Kamat
DF: Shadowplay
CL: All India Flat Tape
Manufacturing
Association
BC: Flat Tape

1342 AD/DS: Yeshwant Chaudhary
DF: Communica/Corporate
Communications
CL: Fabrican Stationery
Industry
BC: Exercise Books

1343 AD/DS: Aloke Dhar
DF: Ratan Batra
CL: Indian Plastics Institute
BC: Research on Plasticizers

139

1344 AD/DS: Sudarshan Dheer
DF: Graphic Communication
    Concepts
CL: Mahavir Refractory
BC: Refractory

1345 AD: Hasan Taj
DS: Nagendra Parmar
DF: Lintas
CL: MRF Tyres
BC: Tyres

1346 AD: V Surendra Gupta
DS: P P Raju
DF: Marketing Consultants &
    Agencies
CL: Stallion Tyres
BC: Tyres

1347 AD/DS/DF: Sharad D Desai
CL: Birla Tyres
BC: Tyres

1348 AD: M A Pathan
DS: Ashok Chilla
DF: Advertising & Mktg.
    Associates
CL: Centraline Lubro-Tech
BC: Compressed Air
    Lubrication System

1349 AD/DS: Alaka Khiarmoday
CL: Metaloy Cast & Machine
BC: Casting & Machine Parts

1350 AD/DS: Vijay R Mahamuni
DF: Comarts
CL: Suyash Sankalp
BC: Industrial Products

1351 AD/DS: Sailesh Modi
DF: Kruti Communication
CL: Grillankar
BC: Grills

1352 AD: C V Gurunathan
DS: Divya Malhotra
DF: Ideas Incorporated
CL: Escorts Dealers
    Development Association
BC: Dealers Development

1344

1345

1346

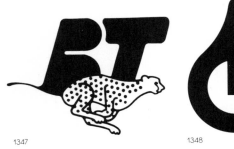

1349

1347

1348

1350

1351

1352

140

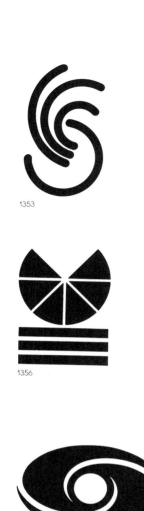

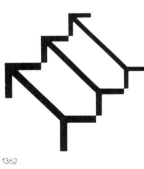

1353 AD: Arvind Padave
DF: Frank Simoes Advtg.
CL: Shroff Engg.
BC: Water Pumps

1354 AD/DS: Arvind Gosavi
DF: Chaitra
CL: Pudumji Paper Mills
BC: Paper

1355 AD/DS/DF: Ratan Batra
CL: Arctic India Sales
BC: Dehumidifiers & Air
Dryers

1356 AD: Bharat Chavan
DF: We Graphic Designers
CL: Mining & Allied Engg.
Industries
BC: Engineering

1357 DS: Naik Sanjaykumar
CL: Swastik Rubber
Industries
BC: Tubes & Tyres

1358 AD/DS: Sanjay B Daiv
DF: Climax Advtg. & Graphic
Consultants
CL: Bond Elastomers
BC: Rubber Material for Tyres

1359 AD: R K Joshi
DS: Kuldip Singh
DF: Ulka Advtg.
CL: Auto Mark
BC: Automobiles

1360 AD/DS: Rajesh Modi
CL: KDB Industries
BC: Paper

1361 AD/DS: Paras Bhansali
DF: Graphicaids
CL: Wires & Fabrics
BC: Wire Cloths

1362 AD/DS: Nalesh Patil
DF: Avishkar Advtg. Services
CL: Protecto Engg.
BC: High-Tech Submersibles

1363 AD/DS/DF: Nandan Nagwekar
CL: Narayan Electrical Works
BC: Miniature Table
Fountains

1364 AD/DS: Suresh S Bapat
DF: Oasis Graphic Designers
CL: S P Associates
BC: Automobile Accessories

1365 AD/DS: Subrata Bhowmick
     DF: Subrata Bhowmick
         Design
     CL: Oman Textile Mills
     BC: Textile

1366 AD/DS: Yeshwant Chaudhary
     DF: Communica/Corporate
         Communications
     CL: Writing Instruments
     BC: New Writing Devices &
         Pens

1367 AD: Ajit S Chavan
     DS: Ashok Karkhanis
     DF: Advertising Consultant &
         Designers
     CL: Jai Minerals
     BC: Minerals

1368 AD/DS: Vijay Nyalpelly
     DF: Studio 21
     CL: Albatross Chandlers &
         Caterers
     BC: Shipping Industry

1369 AD/DS: Tilak Raj Seth
     DF: Studio A to Z
     CL: Grandlay Plastics
     BC: PVC Pipes

1370 DS: Chandrakant Kadam
     CL: Mudra
     CL: Packwell Industries
     BC: Corrugated Boxes

1371 AD/DS: Narendra Vaidya
     DF: Scorpio Matrix
     CL: Aerosol Services India
     BC: Aerosol

1372 AD: Chirag Shodhan
     DS: P Varia
     DF: Adscan
     CL: Mihir Synthetics
     BC: Yarn

1373 AD/DS: R K Joshi
     DF: Ulka Advtg.
     CL: Vishveshwarayya Centre
     BC: Research & Development

1374 AD/DS/DF: Aay's Advtg.
     CL: Filtron Engineering
     BC: Dairy Equipment

1375 AD/DS: Yeshwant Chaudhary
     DF: Communica/Corporate
         Communications
     CL: Indus Hand Made Papers
     BC: Handmade Papers

1376 AD/DS: E A Kitabi
     DF: Kitasu Advtg. Services
     CL: Patcart Packaging
     BC: Packaging

1365

1366

1367

1368

1369

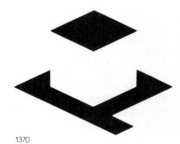

1370

1371

1372

1373

1374

1375

1376

1377

1378

1379

1380

1381

1382

1383

1384

1385

1386

1387

1388

1377 AD: Bharat Chavan
DF: We Graphic Designers
CL: Refaire
BC: Refrigeration & Air
Conditioning

1378 AD/DS: D K Madhu Kumar
DF: Signet Designs
CL: Agmark
BC: Quality Mark

1379 AD/DS: Irfan A M R
DF: Quod Advtg. & Graphic
Design
CL: Shakti Mechanical Works
BC: Gears

1380 DS: Shashikant Shirsekar
DF: Shabdaroop
CL: O-CO Thermal Engineers
BC: Air Burners

1381 AD: R K Joshi
DS: S P Lokhande
FD: Ulka Advtg.
CL: FGP
BC: Fibre Glass

1382 AD/DS: Yeshwant Chaudhary
DF: Communica/Corporate
Communications
CL: Khadi and Village
Industries
BC: Cottage Industries

1383 AD/DS: Ravi Varma
DF: Four Winds Advtg.
CL: Windmach Sports
Accessories
BC: Sports Goods

1384 AD/DS: Adil Seruwalla
DF: Ulka Advtg.
CL: Tapovan Paper & Board
BC: Paper Board

1385 AD/DS/DF: Shantaram K
Raut
CL: Dolphin Marine
Enterprises
BC: Underwater Engineers

1386 AD/DS: Panchal Pravin
DF: Panchal Pravin
Associates
CL: Pack-Cell
BC: Packaging Machinery

1387 DS: Naik Sanjaykumar
CL: Nadeem Lubuna & Co.
BC: Skin & Hide

1388 AD/DS: Dutta Sawant
DF: OBM
CL: Blow Plast
BC: Luggage

Industries, Corporate Groups, Govt. & Public Bodies

1389 AD/DS: D K Madhu Kumar
DF: Signet Designs
CL: Radha Plastics
BC: Rigid Plastic Sheets

1390 AD/DS: Aloke Dhar
DF: Ratan Batra
CL: Ganesh Benzoplast
BC: Platicizers

1391 AD/DS: Viru Hiremath
DF: Vartul
CL: Airofil Papers
BC: Filter Paper

1392 AD: R K Joshi
DS: Lokhande S P
DF: Ulka Advtg.
CL: Westcoast Paper Mills
BC: Paper

1393 AD/DS: Vijay Parekh
DF: Print Media
CL: Mazada Group
BC: Machine
Tools/Automobiles

1394 AD/DS: Subrata Bhowmick
DF: Subrata Bhowmick
Design
CL: Oman Textile Mills
BC: Textile

1395 AD/DS: Ashoka Jha
DF: Mark Makers
CL: Mahidhar Mosaic
Industries
BC: Tiles & Mosaic

1396 AD/DS/DF: J R Mangaonkar
CL: Controls & Equipments
BC: Electrical & Mechanical
Controls

1397 AD/DS: Anjali Purat
DF: Anushree Ad-N-Print
CL: Raman & Co.
BC: Metal Pipes

1398 AD/DS: S M Shah
DF: NID
CL: Vikrant Tyres
BC: Tyres

1399 AD/DS: Dushyant Parasher
CL: Henlay Hand Tools
BC: Hand Tools

1400 AD/DS: Ajit S Chavan
DF: Advertising Consultants
& Designers
CL: Satish Industries
BC: Flexible Gear Couplings

1389

1390

1391

1392

1393

1394

1395

1396

1397

1398

1399

1400

144

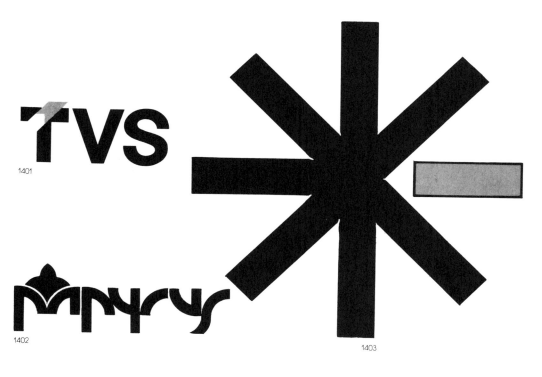

1401

1402

1403

1404

1405

1406

1407

1408

1409

1401 AD/DS: Sudarshan Dheer
DF: Graphic Communication
    Concepts
CL: TVS Group
BC: Industrial Group

1402 AD/DS: Irfan A M R
DF: Scorpio Matrix
CL: Papyrus
BC: Paper

1403 AD/DS: Yeshwant Chaudhary
DF: Communica/Corporate
    Communications
CL: Centron Industrial
    Alliance
BC: Industrial Group

1404 DS: Otto Begtrup-Hansen
DF: L&T Advtg. Dept.
CL: Larsen & Toubro
BC: Industrial Group

1405 AD/DS: Vitthal H Varia
DF: Mudra Communication
CL: Reliance
BC: Industries

1406 AD/DS: Sudarshan Dheer
DF: Graphic Communication
    Concepts
CL: Poonam Group
BC: Industrial Group

1407 AD: Chirag Shodhan
DS: P Varia
DF: Adscan
CL: Ashima Group
BC: Industrial Group

1408 DS: Suchit Gadakari
DF: Sankalpana Design
    Services
CL: Soham Group of Cos.
BC: Industrial Group

1409 AD/DS: Sudarshan Dheer
DF: Graphic Communication
    Concepts
CL: Ashish Udyog
BC: Industrial Group

Building Industry
& Environment

1410 AD/DS: Alaka Khairmoday
CL: Lokhandwala
BC: Building Construction

1410

1411

1412

1413

1414

1415

1416

1417

1418

1419

1420

1421

1422

1411 DS: Vinod Tyagi
DF: Graphic Visuals & Commn.
CL: Rescon
BC: Consultants

1412 AD/DS: Suresh S Bapat
DF: Oasis Graphic Designers
CL: Marvel Associates
BC: Consultants & Engineers

1413 AD/DS: Sonal Patel
DF: Stanvee Advtg.
CL: Corporate Executive Centre
BC: Executive Service Centre

1414 AD/DS: Vijay R Mahamuni
DF: Comarts
CL: Kushwaha Engineers
BC: Engineers & Contractors

1415 AD/DS: Narendra Srivastava
DF: Studio C Forty
CL: Woolsi Carpets
BC: Carpets

1416 AD: V Surendra Gupta
DS: P P Raju
DF: Marketing Consultants & Agencies
CL: Hindu Religious & Endowment Trust
BC: Maintenance of Temples

1417 AD/DS: Narendra Vaidya
DF: Narendra Arts
CL: Bonny Builders
BC: Architects

1418 AD/DS: Deepak Malekar
DF: Aakruti Advtg.
CL: Acrofab Sanitary Ware
BC: Sanitary Ware

1419 AD: Preeti Vyas Giannetti
DS: Ellen Lebow
DF: Vyas Giannetti
CL: Shreya Dalal
BC: Garden Designers

1420 AD/DS: Ashoka Jha
DF: Mark Makers
CL: Wall Covering Industries
BC: Paints

1421 AD/DS/DF: Pradeep Powale
CL: Indo-Italian Marble Mfg. Co.
BC: Marbles

1422 AD/DS: Prabhakar Joshi
DF: Prabhansh Advtg.
CL: A A Patil & Co.
BC: Building Contractors

1423 AD/DS: Ashok K Sood
DF: Design Workshop
CL: Kamdar
BC: Architects

1424 AD/DS: R G Dhanokar
DF: Edge Advtg.
CL: Yogesh Builder
BC: Construction

1425 AD/DS: R S Agrawal
DF: Impact Creative Services
CL: Agrawal & Associates
BC: Architects

1426 AD/DS: Aziz Mulla
DF: PH Advtg.
CL: Young Designs
BC: Furniture & Interior
Design

1427 AD/DS: S G Gurav
DF: Om Creation
CL: Stup Consultants
BC: Construction

1428 DS: Shashikant Shirsekar
DF: Shabdaroop
CL: Rachana Enterprise
BC: Interior Decorators

1429 DS: Nandakishor Kamat
DF: Shadowplay
CL: Parikh & Kulkarni
Consulting Engineers
BC: Architects & Engineers

1430 AD/DS: R G Dhanokar
DF: Edge Advtg.
CL: Bhushan Mazumdar &
Associates
BC: Architects & Interior
Designers

1431 AD/DS/DF: Nandan
Nagwekar
CL: Top-In-Town
BC: Developers & Builders

1423

1424

1425

1426

1427

1428

1429

1430

1431

148

1432

1433

1434

1435

1436

1437

1438

1439

1440

1441

1432 AD/DS: Vijay Parekh
DF: Print Media
CL: Sheth & Sheth
BC: Architects & Interior Designers

1433 AD/DS: Alaka Khairmoday
CL: Archigroup Architects
BC: Architects

1434 AD: Arvind Padave
DF: Frank Simoes Advtg.
CL: Living Room
BC: Furniture

1435 AD: Satish Kaku
DF: Chirag Graphics
CL: Enclave
BC: Builders

1436 AD/DS: E A Kitabi
DF: Kitasu Advtg. Services
CL: Bomanji Jamasji Mistry
BC: Builders & Contractors

1437 AD/DS: Alaka Khairmoday
CL: Mulla Associates
BC: Housing Complex

1438 AD/DS/DF: Aay's Advtg.
CL: Ramyanagari
BC: Housing Complex

1439 AD/DS: Raju Khulge
DF: Ila Communications
CL: Designers Group
BC: Architects/Engineers

1440 AD/DS: Alaka Khairmoday
CL: Vikas Kosh
BC: Architects

1441 AD/DS: Manohar Raul
DF: Creative Unit
CL: Bermaco
BC: Furniture

1442 DS: Sashikant Shirsekar
DF: Shabdaroop
CL: Laxmi Decorators
BC: Designers & Decorators

1443 AD: Ajit Palkhiwale
DS: Vasant Patil
DF: Srujan Advtg.
CL: Sunit Plywood Industries
BC: Timber & Plywood

1444 AD/DS: Nandkishor G
          Mankar
DF: Gajasha Agency
CL: Sewak Co-operative
          Housing Society
BC: Housing

1445 DS: Shashikant Shirsekar
DF: Shabdaroop
CL: Plaster Craft
BC: Falls-Ceiling Decorators

1446 AD/DS: Mohan R Raorane
DF: Wyadh Graphic
          Designers
CL: Indraprastha
BC: Interior Decorators

1447 AD/DS: B T Sande
DS: Indo Advtg.
CL: Vaibhav Industries
BC: Glaze Tiles

1448 AD/DS/DF: Pradeep Powale
CL: Sadhaka Interior
          Decorators
BC: Interior Designing

1449 AD: Shashi Bhomavat
DF: Shashis Advtg.
CL: Vidhani Group
BC: Builders

1450 AD: Subhash Tendle
DS: S P Lokhande
DF: Ulka Advtg.
CL: Indian Rayon
BC: Cement

1451 DS: Varsha Pitale
DF: Varsha
CL: Rashmi Builders
BC: Builders

1452 AD: Shashi Bhomavat
DF: Shashis Advtg.
CL: Hindustan Construction
          Co.
BC: Construction

1453 AD/DS: Gita Bhalla
DF: Headstart Advtg.
CL: Premier Vinyl Floorings
BC: Vinyl Floorings

1442

1443

1444

1447

1445

1446

1450

1448

1452

1453

1449

1451

150

1454

1456

1455

1457

1458

1459

1460

1461

1462

Building Industry & Environment

1454 AD/DS: Alaka Khairmoday
CL: Sonali Constructions
BC: Building Construction

1455 AD/DS: Ashoka Jha
DF: Mark Makers
CL: Creative Constructions
BC: Builders

1456 AD/DS: Viru Hiremath
DF: Trikaya Grey
CL: Fusion Polymers
BC: Plastic Water Tanks

1457 AD/DS/DF: Panna Jain
CL: Nirvan Constructions
BC: Builders

1458 AD/DS: Hemant Shinde
DF: Hemgiri
CL: Build Force Property
BC: Constructions

1459 DS: Nandakishor Kamat
DF: Shadowplay
CL: Prakash Interiors
BC: Interior Decorators

1460 AD: D Y Acharekar
DS: Trupti D Acharekar
DF: Trupti Graphic Designs
CL: Anil Alwe
BC: Structural Engineers

1461 AD/DS: N N Gujarati
CL: A Lobo Associates
BC: Architects

1462 AD/DS: Ashoka Jha
DF: Mark Makers
CL: Dubey Builders
BC: Builders & Contractors

1463 AD/DS/DF: Shantaram K
Raut
CL: Indian Federation of
Building & Wood
Workers
BC: Building & Wood Work

1464 AD/DS: B K Jamane
DF: Bess Graphic
Communication
CL: Ashok Shinde
BC: Architects & Engineers

1465 AD/DS: Shirish R Pandya
DF: Shirish Advertisers
CL: Shilpi
BC: Interior Decorators

1466 AD/DS: Panchal
Pareshkumar H
DF: Sunder Graphic
CL: United Builders
BC: Builders

1467 AD/DS/DF: Ravimukul
CL: Parag Constructions
BC: Builders

1468 AD/DS: Prabhakar Joshi
DF: Prabhansh Advtg.
CL: Kimaya
BC: Architects/Interior
Designers

1469 AD/DS/DF: Aay's Advtg.
CL: Parmar & Parmar
BC: Promoters & Builders

1470 DS: Tushar Chandrakant
Joshi
DF: Kirti Advertisers
CL: Gharkul Developers
BC: Builders & Contractors

1471 AD: Rupande Kaku
DF: C G II Advtg.
CL: Rashida Hatim
BC: Interior Designer

1472 AD/DS: Prabhakar Joshi
DF: Prabhansh Advtg.
CL: Vishal
BC: Builders/Contractors

1473 DS: Sydney Lobo
DF: Brains Trust
CL: Asheen Real Estate
Enterprises
BC: Real Estates &
Construction

1474 AD: Chirag Shodhan
DS: Stanley Joseph
DF: Adscan
CL: La-Tim Land
Development
BC: Land Development

1463

1464

1465

1466

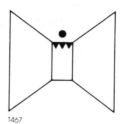
1467

1468

1469

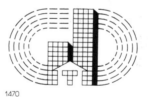
1470

1471

1472

1473

1474

1475

1476

1477

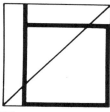

1478

1479

1480

EXUBERANCE

1481

1482

1483

1475 AD/DS: M A Pathan
DF: Advertising & Mktg. Associates
CL: Illplazo Housing Society
BC: Housing

1476 AD/DS/DF: Aay's Advtg.
CL: Jayant Baravkar & Associates
BC: Architects & Interior Designers

1477 AD/DS: Vijay Parekh
DF: Print Media
CL: Tejas Construction Co.
BC: Builders & Developers

1478 AD/DS: Varsha Randiwe
DF: Studio Aesthetic
CL: Rajiv Bhagwat
BC: Architects

1479 DS: Naik Sanjaykumar
CL: Bhagwat Associates
BC: Consulting Garden Architect

1480 AD/DS: Vijay Parekh
DF: Print Media
CL: Ketan Shah
BC: Architects & Interior Designers

1481 AD/DS: Brijen Thakker
DF: Salt & Pepper Advtg.
CL: Exuberance Architects
BC: Architects

1482 DS: Tushar Chandrakant Joshi
DF: Kirti Advertisers
CL: Kirti Construction
BC: Builders

1483 AD/DS: Jaykumar Limbad
DF: Plus Graphics
CL: Adarsh Engineers
BC: Fabrication & Erection

1484 AD: Rupande Kaku
DF: C G II Advtg.
CL: The Anchorage
BC: Builders

1485 AD/DS: Alaka Khairmoday
CL: Mulla Associates
BC: Housing Complex

1486 DS: Suchit Gadakari
DF: Sankalpana Design
Services
CL: Eden Woods Housing
Projects
BC: Housing

1487 AD/DS/DF: Ravimukul
CL: Acme Building Painting
BC: Building Painting
Contractor

1488 AD/DS: Prabhakar Joshi
DF: Prabhansh Advtg.
CL: Garden Blossoms
BC: Landscape Architects

1489 AD/DS: Rudra Sen
DF: HTA
CL: Mangalam Timber
Products
BC: Plywood

1490 AD/DS: Joseph Dias
DF: J D Art
CL: Bedrock Construction
Co.
BC: Builders & Developers

1491 DS: Nandakishor Kamat
DF: Shadowplay
CL: Srujan Architects
Planners
BC: Architects

1492 AD/DS/DF: Shantaram K
Raut
CL: Paragon Interiors
BC: Interior Decorators

1493 DS: Bela Rajagopalan
DF: Bela Rajagopalan &
Associates
CL: Amin Palamadai &
Associates
BC: Landscape Architects

1484

1485

1486

1487

1488

1489

1490

1491

1492

1493

1494

1495

1496

1497

1498

1499

1500

1501

1494 AD: Shashi Bhomavat
DF: Shashis Advtg.
CL: Architectural Corner
BC: Architects

1495 AD/DS: Pravin C Hatkar
DF: Aakar
CL: Vaibhav Sagar
BC: Architect & Interior
Consultant

1496 AD/DS: Sudarshan Dheer
DF: Graphic Communication
Concepts
CL: Aakruti
BC: Exhibition Designers

1497 DS: Varsha Pitale
DF: Varsha
CL: Sunil Construction Co.
BC: Engineering Contractor

1498 AD/DS: Ashok K Sood
DF: Design Workshop
CL: Saral Enterprise
BC: Builders

1499 AD/DS: Shirish R Pandya
DF: Shirish Advertisers
CL: Navdeep Construction
Co.
BC: Construction

1500 AD: Arvind Padave
DF: Ulka Advtg.
CL: Bhor Industries
BC: Flooring

1501 AD/DS: Narendra Vaidya
DF: Narendra Arts
CL: Design Unit
BC: Architects/Interior
Designers

Building Industry & Environment

1502 AD/DS/DF: Sandip Panse
CL: Ashoka Constructions
BC: Building Contractors

1503 AD/DS: Sunil Mahadik
DF: Sista's
CL: Regency Ceramic
BC: Ceramic Tiles

1504 AD/DS: Prabhakar Joshi
DF: Prabhansh Advtg.
CL: Studio Blossom
BC: Garden Consultants

1505 AD/DS: Jaykumar Limbad
DF: Plus Graphics
CL: Durga Steel Works
BC: Steel Furniture

1506 AD/DS: Sanjay B Daiv
DF: Climax Advtg. & Graphic
Consultancy
CL: Ayodhya Housing
Developers
BC: Housing Development

1507 AD/DS: Yeshwant Chaudhary
DF: Communica/Corporate
Communications
CL: Vanasri Reforestation &
Horticulture
BC: Forestation & Housing

1508 AD/DS/DF: Shantaram K
Raut
CL: Paragon Waterproofing
Co.
BC: Waterproofing

1509 AD/DS: Brijen Thakker
DF: Salt & Pepper Advtg.
CL: Monalisa Ceramics
BC: Ceramics

1503

1504

1502

1505

1506

1507

1508

1509

156

1510

1511

1512

1513

1514

1515

1516

1517

1518

1519

1520

1521

1510 AD/DS/DF: Amit Patel
CL: N'Viron
BC: Pollution Controllers

1511 AD/DS: Sudhakar Khambekar
D F: Sobhagya Advtg.
CL: Vikram Cement
BC: Cement

1512 AD/DS/DF: Shantaram K
Raut
CL: Suryahas
BC: Garden Nursery

1513 AD/DS: Shailesh Modi
DF: Kruti Communication
CL: Gujarat High-Tech
Industries
BC: Cement

1514 AD/DS: Benoy Sarkar
DF: HHEC Design Cell
CL: HHEC-Carpets Division
BC: Carpets

1515 AD: Chandu Shetye
DS: Uday Trailokya
DF: Salesprom Advtg.
CL: Shyama-Bhagwati
Nursery
BC: Plants Nursery

1516 AD/DS: Pravin C Hatkar
DF: Aakar
CL: C S Grampadhyay
BC: Architects

1517 AD/DS: D K Madhu Kumar
DF: Signet Designs
CL: Vybogam
BC: Architects

1518 AD/DS: Ajit S Chavan
DF: Advertising Consultant &
Designers
CL: Raj Sun
BC: Aluminium Doors &
Windows

1519 AD/DS/DF: Shantaram K
Raut
CL: Chandrahas Enterprise
BC: Garden Nursery

1520 AD/DS: Vijay R Mahamuni
DF: Comarts
CL: Shre-Data Enterprises
BC: Architects/Building
Contractors

1521 AD/DS: Ravindra S Tambekar
DF: Plus One Advtg.
CL: Pioneer Pile Foundation
BC: Contractors

Building Industry & Environment

1522 AD/DS/DF: Nandan
        Nagwekar
      CL: Vasant Paints
      BC: Paints

1523 AD/DS: Nalesh Patil
      DF: Avishkar Advtg. Services
      CL: Tattva
      BC: Interiors

1524 AD: Vijay Raikar
      DS: Satish Deshpande
      DF: S J Advtg. Services
      CL: Om Engineers & Builders
      BC: Construction

1525 AD: Pavan Gupta
      DS: Rita Gupta
      DF: Payal's Perfection
      CL: Xaca India
      BC: Lighting Equipment

1526 AD/DS: Gita Bhalla
      DF: Headstart Advtg.
      CL: Premier Vinyl Floorings
      BC: Vinyl Floorings

1527 AD/DS: Alaka Khairmoday
      DF: Creative Unit
      CL: Pools & Baths
      BC: Jacuzzi Baths

1528 AD: N Ghoshal
      DS: Rajen Mistry
      DF: Contour Advtg.
      CL: Swastik Sanitary Wares
      BC: Sanitary Wares

1529 AD/DS: Gita Bhalla
      DF: Headstart Advtg.
      CL: Modi Carpets
      BC: Carpets

1530 AD/DS: Sudarshan Dheer
      DF: Graphic Communication
        Concepts
      CL: Uttam C Jain
      BC: Architects

1522

1523

1524

1525

1526

1527

1528

1529

1530

1531

1532

1533

1534

1535

1536

1537

1538

UNIARCH

1539

1540

1541

1531 AD/DS: Ravindra Tambekar
DF: Plus One Advtg.
CL: Ronak Tiles
BC: Tiles

1532 AD/DS: Ravindra Tambekar
DF: Plus One Advtg.
CL: R R Dhoot
BC: Builders

1533 AD/DS: Sudarshan Dheer
DF: Graphic Communication
Concepts
CL: Cement Corpn. of
Gujarat
BC: Cement

1534 DS: Sashikant Shirsekar
DF: Shabdaroop
CL: Nath Constructions
BC: Builders

1535 AD/DS: Farzana
DF: Gra Graphic
CL: Jay Agency
BC: Contractors

1536 AD/DS: Ravindra Tambekar
DF: Plus One Advtg.
CL: Tambekar Builders
BC: Promoter & Builder

1537 AD/DS: Pravin C Hatkar
DF: Aakar
CL: V K Constructions
BC: Builders & Developers

1538 AD: Rupande Kaku
DF: Chirag Graphics
CL: Soundarya
BC: Carpet Merchants

1539 AD/DS: Shubhangi Samant
DF: Link Ads
CL: Uniarch
BC: Architects & Interior
Designers

1540 AD/DS: Alaka Khairmoday
CL: IAG Consortium
BC: Architects

1541 AD/DS: Aleya Pillai
DF: Time & Space Advtg.
Services
CL: Brij Pneumatics
BC: Aluminium Grills

1542 AD/DS/DF: S S Sathaye
CL: BEST
BC: Public Transport Signage

1542

**Building Industry
& Environment**

1542 AD/DS/DF: S S Sathaye
CL: BEST
BC: Public Transport Signage

1542

1543 AD/DS/DF: S S Sathaye
BC: Medical Symbols

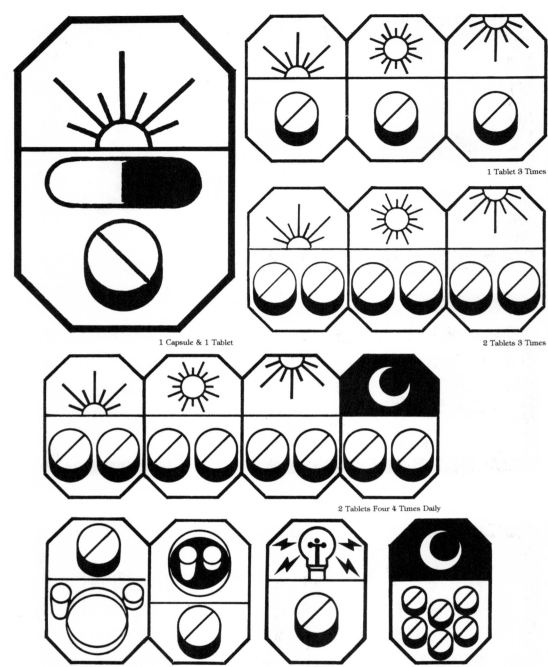

1 Tablet 3 Times

1 Capsule & 1 Tablet

2 Tablets 3 Times

2 Tablets Four 4 Times Daily

1543   1 Tablet Before & After Meals   1 Tablet S.O.S.   All the tablets at Night

1543 AD/DS/DF: S S Sathaye
BC: Medical Symbols

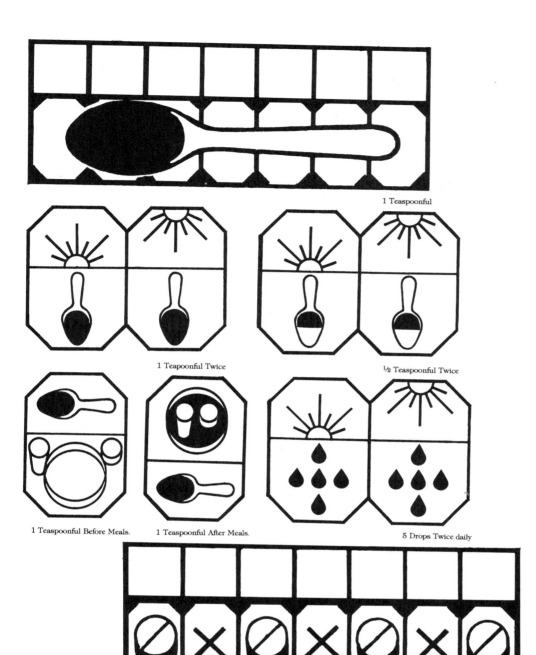

1 Teaspoonful

1 Teapoonful Twice

½ Teaspoonful Twice

1 Teaspoonful Before Meals.

1 Teaspoonful After Meals.

5 Drops Twice daily

1543

1 Tablet Alternate Days

1544 AD/DS: Ravi Poovaiah
DF: IDC
BC: Hospital Signage

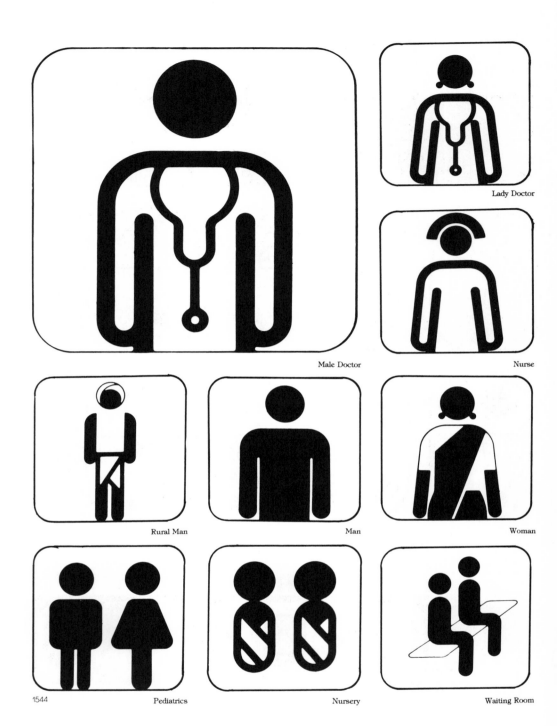

Lady Doctor

Nurse

Male Doctor

Rural Man

Man

Woman

1544

Pediatrics

Nursery

Waiting Room

1544 AD/DS: Ravi Poovaiah
DF: IDC
BC: Hospital Signage

Pregnancy

Cardiology

X-Ray/Screening

Respiratory

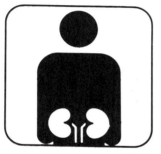

Urology

Gastrology

1544

Orthopedics

Dressing

Dermatology

1544 AD/DS: Ravi Poovaiah
DF: IDC
BC: Hospital Signage

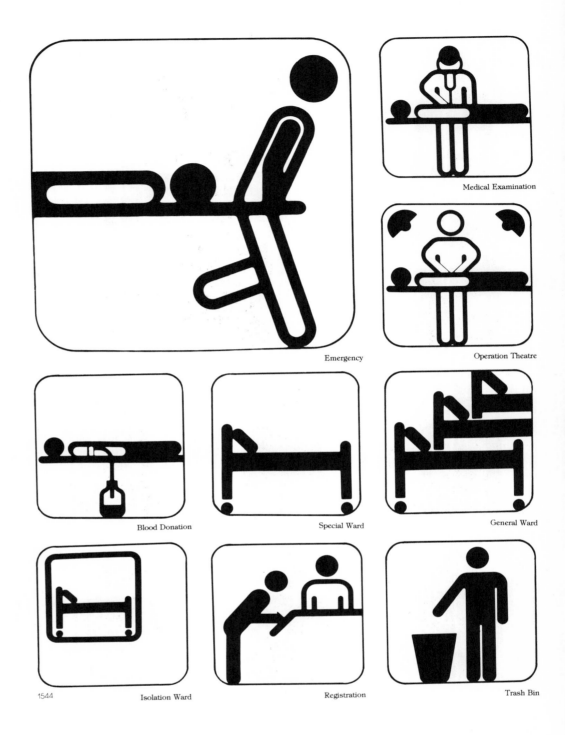

Emergency

Medical Examination

Operation Theatre

Blood Donation

Special Ward

General Ward

1544   Isolation Ward

Registration

Trash Bin

Opthalmology

ENT

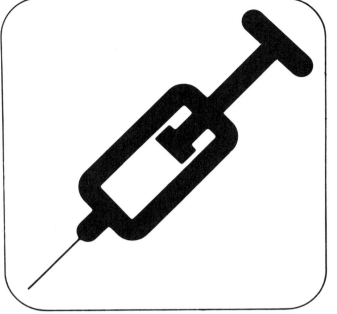

Injection

**Building Industry
& Environment**

1544 AD/DS: Ravi Poovaiah
DF: IDC
BC: Hospital Signage

Neurology

Psychiatry

Laboratory

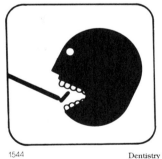

1544   Dentistry

Physiotherapy

Handicapped

1544 AD/DS: Ravi Poovaiah
DF: IDC
BC: Hospital Signage

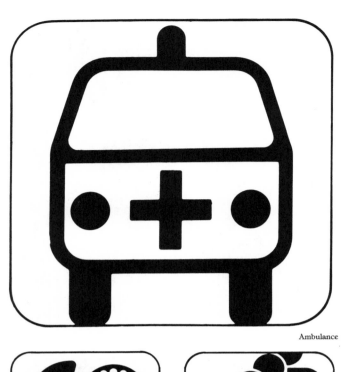

Ambulance

Keep Silence

Drinking Water

Telephone

Gents Queue

Ladies Queue

1544   Gents Toilets

Ladies Toilet

Lift

Hockey

Football

Tennis

Athletics

Cricket

Boxing

Golf

Playing Cards

Badminton

1545

**Building Industry
& Environment**

1545 AD: Bharat Chavan
DF: We Graphic Designers
CL: Lokmat Times
BC: Sports Signage

169

Building Industry & Environment

1546 AD/DS: Sudarshan Dheer
      DF: Graphic Communication
          Concepts
      CL: Essel World
      BC: Amusement Park
          Signage

Big Apple

Junior Carousel

Baby Train

Derby Racer

Monster

Zipper Dipper

1546

Ghost Train

Caterpillar

Rainbow

170

Tilt-A-Whirl

Mini Tele Combat

Giant Wheel

Building Industry & Environment

1546 AD/DS: Sudarshan Dheer
DF: Graphic Communication
Concepts
CL: Essel World
BC: Amusement Park
Signage

Rock-O-Plane

Tea Cup

Junior Waltzer

1546   Junior Pirate Ship

Magic Swing

Fun House

171

1546 AD/DS: Sudarshan Dheer
DF: Graphic Communication
Concepts
CL: Essel World
BC: Amusement Park
Signage

Zyclone

Junior Go-Kart

Crazy Cycle

Slippery Slope

Senior Go Kart

Kiddie Car

1546

Haunted Hotel

Mirror Maze

Hedge Maze

Mini Dodgem

Senior Dodgem

Bumper Boat

Building Industry & Environment

1546 AD/DS: Sudarshan Dheer
DF: Graphic Communication
 Concepts
CL: Essel World
BC: Amusement Park
 Signage

Gold Mine

Around the World

Super Round-Up

1546

Water Chute

Rock-N-Roll

Kiddie Boat Ride

1546 AD/DS: Sudarshan Dheer
DF: Graphic Communication
   Concepts
CL: Essel World
BC: Amusement Park
   Signage

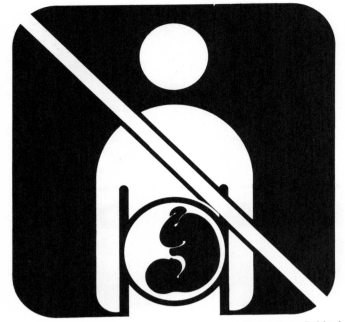

Not Permitted Unescorted

Heart Patients Prohibited

Pregnant Ladies Prohibited

Gents Toilets

Toilets

Ladies Toilets

1546

Drinking Water

Rest Place

Wheel Chair

Telephone

Outside Food Prohibited

First Aid

1546 AD/DS: Sudarshan Dheer
DF: Graphic Communication
Concepts
CL: Essel World
BC: Amusement Park
Signage

Post Office

Service Road

Gift Shop

1546   Prams

Exchange/Bank

Snacks

175

Building Industry & Environment

1546 AD/DS: Sudarshan Dheer
DF: Graphic Communication
Concepts
CL: Essel World
BC: Amusement Park
Signage

Tickets

Information

Under Maintenance

Meeting Points

Headquarters

Control Tower

1546

Train Station

Baggage Deposit

Lost and Found

176

INDEX TO
DESIGNERS &
CLIENTS

INDEX
TO DESIGNERS

Bela Rajagopalan
Baroda
1493

Benoy Sarkar
New Delhi
385, 415, 418, 487, 574, 687,
697, 894, 1514

Beroz Mistry
Bombay
30

Bhadresh Shukla
Ahmedabad
490

Bharat Chavan
Bombay
177

Bharat Petroleum
Bombay
848

Bina Parekh
Navsari
285, 683, 727, 1006, 1094,
1171, 1287

Brendan Pereira
Bombay
101, 229, 360, 774, 775, 815,
816, 836, 899

Brijen Thakker
Bombay
547, 593, 762, 896, 912, 960,
1481, 1509

C

C G II Advtg.
Bombay
245, 676, 985, 987, 1471, 1484

C W Salvi
Bombay
482

Cadila Art Studio
Ahmedabad
522

Chandrakant Kadam
Pune
1370

Chandrakant Venupure
Bombay
410

Chandu Shetye
Bombay
255, 526, 679, 884, 964

Chelna Desai
Bombay
200, 342, 507, 1185

Chetna Gehelot
Bangalore
754, 879

Chirag Graphics
Bombay
61, 258, 703, 921, 1115, 1194,
1199, 1435, 1538

Chirag Shodhan
Ahmedabad
760

Cynthia White
Bombay
1168

D

D G Patil
Bombay
171, 174, 506, 1162

D K Madhu Kumar
Madras
97, 345, 407, 505, 811, 862,
893, 1037, 1076, 1133, 1152,
1288, 1378, 1389, 1517

D Y Acharekar
Bombay
433, 1460

Dattatraya T Padekar
Bombay
120

Dara N Ichhaporia
Bombay
148

Davinder S Vaid
Bombay
832

Dayal
Bombay
535

Deepa Sawant
Bombay
265, 534, 1018, 1220

Deepak Malekar
Bombay
1418

Deepak Patel
Bombay
464, 582, 633

Devendra P Jogi
Bombay
33, 49, 56, 84

Dilip Bhandare
Pune
442, 473

Dilip Oza
Ahmedabad
358

Dilip Patel
Ahmedabad
4, 432, 714, 1008

Dilip Tripathi
Bombay
873, 945, 1237

Dilip Warang
Bombay
336

Divya Malhotra
Faridabad
1352

Dolly Biswas
Bombay
657, 671

Dushyant Parasher
New Delhi
377, 865, 1399

Dutta Sawant
Bombay
1326, 1388

E

E A Kitabi
Bombay
797, 840, 944, 1050, 1376,
1436

E Rohini Kumar
Hyderabad
109, 1166

Ellen Lebow
Bombay
1419

English Electric Co.
Publicity Department
Madras
305

F

Farzana
Bombay
276, 868, 1323, 1535

Frank Simoes Advtg.
Bombay
164, 391, 1353, 1434

G

G K Padwal
Pune
317, 455

G Viswanathan
Madras
915

G Zachariah
New Delhi
134

Ganesh Tayde
Bombay
199, 688

Gayatri Chauhan
Pune
493

Gita Bhalla
New Delhi
347, 602, 621, 636, 722, 733,
1261, 1325, 1453, 1526, 1529

Glynis D'cunha
Bombay
53, 63

INDEX
TO DESIGNERS

Naina Kothari
Bombay
617

Nalesh Patil
Bombay
339, 822, 1362, 1523

Nandakishor Kamat
Bombay
70, 161, 232, 569, 756, 1010,
1235, 1341, 1429, 1459, 1491

Nandan Nagwekar
Bombay
181, 196, 197, 198, 203, 226,
259, 434, 691, 692, 770,
771, 814, 898, 913, 931, 958,
963, 1032, 1052, 1312, 1318,
1363, 1431, 1522,

Nandita Khaire
Pune
299

Nandkishor G Mankar
Nagpur
568, 1054, 1444

Nandu Bhavsar
Pune
502, 641, 726, 773, 1002,
1005, 1111, 1114, 1116

Naranbhai Patel
Ahmedabad
1158, 1313

Narendra Srivastava
New Delhi
206, 251, 338, 364, 380, 390,
476, 478, 572, 806, 916, 1415

Narendra Vaidya
Bombay
308, 643, 1371, 1417, 1501

Neel Kamal Patil
New Delhi
720

Neeta Verma
Ahmedabad
349, 1143, 1262

Neville D'Souza
Bombay
354, 785, 789, 1148

NID
Ahmedabad
1142

Nilesh Mashruwala
Ahmedabad
510

Nitin C Champaneria
Gujarat
36, 1004, 1009, 1017, 1059,
1079, 1294

Nitin Shetty
Bombay
401

O

Otto Begtrup-Hansen
Bombay
1404

P

P P Raju
Bangalore
322, 384, 645, 794, 803, 946,
947, 981, 1219, 1221, 1308,
1315, 1416

P Varia
Ahmedabad
784, 817, 1372, 1407

Padam B Thapa
New Delhi
520, 1007, 1089

Padekar Studio
Bombay
416

**Palamadai Subramanian
M**
Baroda
508

Panchal Paresh H
Bilimoria
216, 512, 959, 1466

Panchal Pravin
Bombay
83, 283, 533, 787, 986, 991,
1022, 1043, 1098, 1190, 1231,
1386

Panna Jain
Bombay
2, 91, 102, 103, 111, 145, 149,
151, 521, 1246, 1274, 1457

Paras Bhansali
Jaipur
214, 215, 315, 376, 459, 1058,
1361

Parveen G Mayekar
Bombay
79, 389, 404, 553, 706, 847,
1164

Pathikrit Mukherji
Bombay
250

Pavan Gupta
Bombay
270, 1233, 1241

Pawan Gupta
Bombay
264

Prabhakar Joshi
Pune
94, 95, 114, 121, 361, 666,
713, 954, 1322, 1422, 1468,
1472, 1488, 1504

Prabir Sen
Calcutta
329

Pradeep Choksi
Ahmedabad
318, 326, 1245

Pradeep Powale
Bombay
137, 150, 348, 462, 472, 494,
527, 531, 764, 772, 863, 870,
897, 911, 914, 920, 984, 1026,
1080, 1244, 1421, 1448

Prakash Kawle
Nagpur
52, 1277

Prakash Patil
Bombay
282, 446, 449, 458, 465, 468,
491, 716, 807, 856, 1099

Pramod Hardikar
Bombay
247, 1135, 1243

Pramod Kelkar
Bombay
738, 858

Pravin Ahir
Bombay
560

Pravin C Hatkar
Bombay
81, 483, 562, 675, 842, 1249,
1495, 1516, 1537

Pravin Sevak
Ahmedabad
301, 1088, 1110, 1248

Preeti Vyas Giannetti
Bombay
41, 58, 300, 371, 395, 411, 975

R

R G Dhanokar
Pune
1424, 1430

R K Joshi
Bombay
11, 288, 314, 321, 324, 337,
393, 461, 485, 575, 624, 678,
686, 749, 830, 917, 941, 1081,
1163, 1223, 1242, 1281, 1286,
1321, 1373

R S Agrawal
Allahabad
1106, 1203, 1284, 1310, 1425

R Sequara
Bombay
289, 323, 566

Radhi Parekh
Bombay
355, 638, 874, 1121, 1193

Raj Shinge
Dist. Thane
176

Rajen Mistry
Bombay
903, 955, 1528

Rajesh Modi
Navsari
117, 180, 209, 249, 262, 820,
853, 857, 1119, 1360,

Rajesh Naik
Bombay
788, 1188, 1212

INDEX
TO DESIGNERS

Sharad Sathe
Bombay
610

Shashank Parekh
Baroda
1074

Shashank V Solaskar
Bombay
906, 948, 956

Shashi Bhomavat
Bombay
674

Shashis Advtg.
Bombay
405, 1066, 1285, 1449, 1452,
1494

Shekar Ahuja
New Delhi
471, 927, 1067

Shekar Pitale
Bombay
1247, 1298, 1328, 1334

Shirish R Pandya
Bombay
22, 818, 839, 1198, 1226,
1465, 1499

Shishupal Panke
Pune
178, 184

Shubhangi Samant
Bombay
221, 303, 1029, 1539

Shyam Arote
Srirampur
1051

Smita Patil
Bombay
1301

Smita Upadhye
Bombay
19, 605

Sohum Creative Team
Bombay
54, 557

Sonal Dabral
New Delhi
346, 422, 966

Sonal Patel
Bombay
1413

Srikanth
Bangalore
1251

Srirup Guha Thakurta
Calcutta
1279

Stainley Joseph
Ahmedabad
974, 1474

Subhash Pawar
Dist. Thane
325

Subrata Bhowmick
Ahmedabad
436, 576, 670, 972, 973, 1337,
1365, 1394

Suchit Gadakari
Dist. Thane
1069, 1138, 1278, 1408, 1486

Sudarshan Dheer
Bombay

15, 35, 38, 48, 59, 78, 80, 87,
89, 100, 106, 116, 132, 144,
172, 182, 212, 284, 311, 381,
394, 414, 425, 448, 450, 454,
488, 496, 509, 518, 538, 550,
554, 704, 717, 758, 824, 841,
979, 983, 989, 992, 993, 997,
998, 1000, 1001, 1003, 1019,
1031, 1035, 1039, 1046,
1055, 1062, 1068, 1072,
1084, 1087, 1103, 1124,
1129, 1132, 1146, 1175,
1179, 1181, 1236, 1238,
1267, 1268, 1293, 1306,
1344, 1401, 1406, 1409,
1496, 1530, 1533, 1546

Sudhakar Khambekar
Bombay
47, 408, 548, 696, 777, 908,
1265, 1290, 1511

Sudhir Salvi
Dist. Thane
169, 1208

Sujit Patwardhan
Pune
8, 74, 481, 1159

Sunil Mahadik
Bombay
110, 142, 513, 555, 1332, 1503

Sunil Patel
Bombay
13

Sunil Raje
Bombay
85

Suresh S Bapat
Pune
32, 143, 228, 266, 274, 296,
304, 307, 711, 721, 1025,
1027, 1217, 1227, 1364, 1412

Suryakant Rane
Pune
598

Sushma Durve
Pune
327

Sydney Lobo
Bombay
689, 1473

T

Tilak Raj Seth
New Delhi
20, 1075, 1369

Trupti D Acharekar
Bombay
136, 588,

**Tushar Chandrakant
Joshi**
Dist. Thane
104, 125, 141, 441, 561, 843,
900, 1123, 1165, 1270, 1470,
1482

U

U K Puthran
Madras
113

Uday Trailokya
Bombay
673, 1191, 1515

Ulhas Vaze
Bombay
334, 631

Ulka Advtg.
Bombay
977, 1500

Umesh Mehta
Bombay
1204

Usha Kulkarni
Bombay
444, 791

V

V K Bhoeer
Bombay
978, 1093, 1156, 1174

V K Bhoir
Bombay
312

V Surendra Gupta
Bangalore
435, 838, 1346

Varsha Pitale
Dist. Thane
96, 242, 272, 829, 834, 846,
1451, 1497

Varsha Randiwe
Bombay
1478

Vasant Patil
Bombay
1443

Vasant Telgote
Bombay
1172, 1273

INDEX
TO DESIGNERS

INDEX
TO CLIENTS

INDEX
TO CLIENTS

189

INDEX
TO CLIENTS

INDEX
TO CLIENTS

INDEX
TO CLIENTS

ACKNOWLEDGEMENT

In bringing this book
into a reality
the effort of a great many people
is embodied....
In fact some who
may not have even realised
the extent of their contribution.

I want to acknowledge
and express my appreciation
and gratitude to these people
for their invaluable help:
Tasneem Ranalvi, Dominica Alphonso,
Neelam Lalwani-TAAM,
Sanjay Patil and Narendra Vaidya.

It is thanks to them
and their sincere efforts
that I could make
The World of Symbols/Logotypes &
Trademarks-India
the fine piece of work it is.